Lokale
ESSEN UND TRINKEN

Gigantische Kellersysteme, Geheimtunnel unter der gesamten Innenstadt, Alchemistenlabors im Untergrund: Über die Unterwelt von Wien gibt es unzählige Geschichten und Gerüchte. Und ja, da ist viel dran. Seit dem Mittelalter spielte sich nämlich ein großer Teil des Lebens in Wien unterirdisch ab. Der Grund war ein recht einfacher: Oben gab es keinen Platz mehr. Innerhalb der Stadtmauern war jeder Flecken Erde verbaut, also grub man sich in den Untergrund. Ganze Handwerksbetriebe und später Fabriken wurden stockwerketief „unter die Erd" verlegt. In Wien existieren bis heute Häuser, die tiefer sind als hoch! Ein Beispiel findet Ihr auf Seite 12.

Der Zutritt in diese Stadt unter der Stadt ist heute nicht mehr möglich. Die Keller sind in Privatbesitz, das Betreten von unterirdischen Anlagen aus Sicherheitsgründen verboten. Aber stimmt das tatsächlich? Die StadtSpionin hat sich auf Recherche in den Untergrund von Wien begeben und unzählige Orte gefunden, die jeder von uns besuchen kann. Weil sie – in teils ungewöhnlicher Transformation – bis heute benutzt werden. Einkaufen, essen, entspannen oder Spaß haben: Alles ist möglich in den Tiefen unter Wien. Da existieren Day Spas in 500 Jahre alten Gewölben, Weinclubs im tiefsten Keller von Wien, Swimmingpools und Galerien in unterirdischen Tresorräumen und angesagte Bars tief unter dem Trottoir. Ja sogar ein Schuhgeschäft im unterirdischen Jugendstil-Theater findet sich. Wer also dunkle Keller oder finstere Ecken erwartet, wird sich wundern. Selten trifft man die Farbe Gold in Wien so häufig wie unter dem Straßenniveau. Wer den Vorhang zur Seite zieht, entdeckt eine schillernde Welt unter der Wiener Oberfläche.

Viel Spaß beim Abtauchen in die Unterwelt wünscht

EURE STADTSPIONIN

Sabine Maier

INHALT

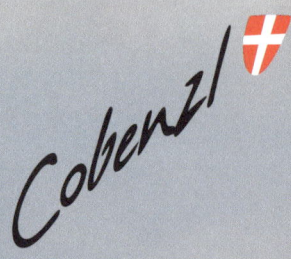

Vom unterirdischen Wien zum überirdischen Genuss

Hoch über den Dächern von Wien, am berühmten Weingut Cobenzl, erwartet Sie eine ganz andere Welt – die Welt des Weins. Unsere Keller beherbergen mit das Beste aus den Ersten Lagen der Stadt. Freuen Sie sich also auf ein Geschmackserlebnis der Extraklasse – mit Weitblick!

Weingut Wien Cobenzl
Mein Stadtwein. Mein Genuss.

 WeingutCobenzl
 cobenzl
www.weingutcobenzl.at

KRYPT.

Mystik & Glamour:
Die lässigste Bar der Stadt

📍 **Lage:** *Wasagasse 17, 1090 Wien* 🕐 **Öffnungszeiten:** *Di–Do 19.00–01.00; Fr–Sa 20.00–03.00* 🖥 **Webseite:** *www.krypt.bar*

Wien kann so cool sein! Man läutet bei einer unscheinbaren Tür im neunten Bezirk, steigt tief hinab in die Unterwelt des Alsergrunds – und landet in einer extravaganten Bar wie aus einem Hollywood-Film. Das 200 Jahre alte Gewölbe wurde bei Renovierungsarbeiten hinter einem vermauerten Abgang, der acht Meter in die Tiefe führte, gefunden. Bessergesagt wiedergefunden, denn in den 1960er Jahren war hier anscheinend ein halblegaler Jazzclub versteckt – an den Wänden fanden sich noch Sprüche von damals. Ein Glück, dass die Bauherrin sich in die entdeckten Räume verliebte und sensationell umbaute. Fischgrätboden aus Marmor wurde verlegt und famose Sitznischen gestaltet. Lüftungsrohre durchziehen golden die kirchenartigen Räume und die Bar aus Nussholz läuft meterlang durch den Hauptraum. Und trotz all der Eleganz gibt es keinen Dresscode, keine Gästeliste, keine Türsteher. Dafür herzliche Barkeeper, exzellente Cocktails (Karotten-Daiquiri!) und – trotz DJ-Beschallung – ein wunderbar entspanntes Feeling.

INFO

Kein Schild und kein Hinweis am Haus deuten auf die Bar hin. Einfach bei der Tür läuten und die „schwebende Treppe" hinunterschreiten.

THE BIRDYARD

Im Dschungel der Nacht:
Eatery and Bar

📍 **Lage:** *Lange Gasse 74, 1080 Wien*
🕐 **Öffnungszeiten:** *Di–Sa 18.00–02.00* 📧 **Webseite:** *www.thebirdyard.at*

Im Erdgeschoß wird kreativ gekocht, aber wer auf der großzügigen Freitreppe ins Untergeschoß schreitet, dem gehen erstmal die Augen über. Malerisch drapiert in einem blütenreichen Dschungel tummeln sich riesige Paradiesvögel auf allen Wänden. Großes Theater! Auch die Karte macht was her, in der eleganten Bar werden kreative Cocktails mit kreativen Namen serviert, der „Rabbit in the Hat" kommt mit Hopfenhonig, Karotte und Schwarzem Pfeffer im Glas. Theatralisch ging es hier übrigens auch schon früher zu, befand sich hier unten doch einst ein französisches Cabaret. An die Chanson- und Burlesque-Bühne „Serenade" vor der gemalten Kulisse von Montmartre mag sich noch mancher erinnern. Heute bleibt den Bargehern übervolles Gedrängel erspart, da nur eine begrenzte Zahl an Sitz- und Stehplätzen vergeben wird. Wichtigster Tipp also: unbedingt reservieren! (Das gilt übrigens auch für den Restaurant-Bereich.) Wer dann aber drin ist, wird gleich mal mit einem „Gruß von der Bar" überrascht: einem kostenlosen Minidrink.

INFO

Die spektakuläre Wandbemalung stammt vom rumänischen Künstler Saddo, der schon in Deutschland, Kanada, Portugal und Israel „Murals" geschaffen hat.

BREZL GWÖLB

Im versteckten Gässchen:
Urig speisen in alten Mauern

📍 **Lage:** *Ledererhof 9, 1010 Wien*
🕐 **Öffnungszeiten:** *Mo–So 11.30–24.00* ▶ **Webseite:** *www.brezl.at*

Der Ledererhof 9 ist ein interessantes Gebäude: Das 1341 erstmals urkundlich erwähnte Haus ist tiefer als hoch! Nach einer wechselvollen Geschichte (es gehörte einst der Innung der Lederer und Färber und brannte auch einmal ab) wurde am Anfang des 18. Jahrhunderts das heutige frühbarocke Giebelhaus errichtet. Wie so oft in der Wiener Altstadt blieben aber die wesentlich älteren Keller erhalten und wurden weiter benutzt. So etwa von einem Bäcker, der hier angeblich die ersten „Laugenbrezen" von Wien herstellte – und heute von einem Lokal, das sich in Erinnerung daran Brezl Gwölb nennt. Das urige Restaurant mit seinen Nischen, Madonnen, Holzvertäfelungen und Säulchen pendelt zwischen romantisch und kitschig – im unteren Geschoß wird sogar bei Kerzenlicht gegessen. Wer nach Speis und Trank die Treppe wieder hinaufsteigt, sollte übrigens genau schauen. Beim Stiegenaufgang befindet sich nämlich eine römische Mauer mit einer Fensteröffnung – das heutige Kellergeschoß war zur Römerzeit ebenerdig!

INFO

Das Restaurant mit gutbürgerlicher Küche befindet sich im Erdgeschoß und im ersten unterirdischen Stockwerk, darunter liegen noch drei weitere Kellergeschoße.

12 APOSTELKELLER

Historischer Stadtheuriger:
Drei Stockwerke in den Untergrund

⊙ **Lage:** *Sonnenfelsgasse 3, 1010 Wien* ⏰ **Öffnungszeiten:** *Mo–So 11.00–24.00* ▶ **Webseite:** *www.zwoelf-apostelkeller.at*

Üblicherweise trifft man hier nur auf Touristen. Schade eigentlich, denn die Architektur und die Anlage dieses fast 1000 Jahre (!) alten Kellers sind wirklich aufsehenerregend. Das Mauerwerk des Brunnenkellers (mit dem stillgelegten Brunnen) besteht aus mächtigen, für die Romanik charakteristischen Steinquadern und stammt aus den Jahren um 1100. Der Rest des riesigen, dreistöckigen Kellers präsentiert sich überwiegend gotisch und reicht fast 20 Meter in die Tiefe. Die Räume sind also ungewöhnlich hoch. Hinunter geht es über eine Wendeltreppe, von der aus man gleich in gotisch gewölbten Hallen landet. Der Keller darunter bietet mit seinen Sitznischen und nostalgischen Straßenlaternen mehr Privatheit, ganz unten befindet sich die einzige noch komplett erhaltene gotische Brunnenstube Wiens. Das Essen hier ist leider nicht so aufsehenerregend, aber was soll's. Der Wein ist in Ordnung, das Bier stammt von Ottakringer – und der abendlichen Heurigenmusik entkommt man dank der vielen, verwinkelten Räume recht gut.

INFO

In den Jahren 1716–1721 wurde von Lucas von Hildebrandt die bis heute erhaltene Barockfassade des Hauses gestaltet. Sie gilt als eine der schönsten der Stadt.

JOSEF HIGHBALL BAR

Cocktails und Blumen:
Trinkvergnügen mit Stil

Lage: *Sterngasse 3, 1010 Wien*

Öffnungszeiten: *Di–Sa 20.00–04.00* **Webseite:** *www.josef-bar.at*

Elegantes Sixties-Ambiente, ungewöhnliche Blumen-Deko und erfrischende Cocktails: Klingt nach einem perfekten Bar-Abend. Österreichs erste Highball Bar eröffnete Ende 2019 und punktet nicht nur mit Hollywood-Flair, sondern mit kreativ Gemixtem. Highballs sind spritzige, eiskalt servierte Drinks mit weniger Alkohol und einem kohlensäurehaltigen „Filler". In den Romanen von F. Scott Fitzgerald wie dem „Großen Gatsby" werden Highballs in rauen Mengen wie Limonade gekippt, vor allem Klassiker wie Gin Tonic oder Horse's Neck. In der Josef Highball Bar stehen auch moderne Kreationen auf der Karte, die vom Team laufend entwickelt werden, der Espresso Highball etwa oder ein Gin-Kirsche-Tonkabohnen-Ding namens „Will you cherry me?". Das passt besonders gut zu den Dschungel-Polstern und den grün gepolsterten Stühlen. Und weil man nach ein paar Drinks immer ein bissl Hunger bekommt, wird in der chicen Bar auch Barfood serviert. Ausschließlich Hot Dogs mit so klingenden Namen wie „Eitrige Deluxe" oder „Wiener Wahnsinn".

INFO

Die Highball Bar ist das zweite Lokal von Philipp M. Ernst und Andrea Hörzer, die im Nachbarhaus auch die Josef Bar betreiben.

CALEA

Dinner & Dance:
Der Club im Untergrund

📍 **Lage:** *Am Stadtpark 1, 1030 Wien* 🕐 **Öffnungszeiten:** *Di–Do 19.00–02.00; Fr–Sa 19.00–06.00* 📧 **Webseite:** *www.calea.club*

Die Optik ist ziemlich spektakulär: Wiens erster Dinner Club liegt tief unter der Erde und ist dennoch so hoch, dass mit einer umlaufenden Galerie ein zweiter Stock eingezogen werden konnte. Mit Moos begrünte Wände, rote Luster à la Shanghai 1920, moderne Kunst und dunkles Ambiente verströmen in 18 Metern Tiefe die Eleganz internationaler Luxus-Clubs. Wer hier die Treppen hinuntersteigt, kommt nicht in Jeans. Dafür freut sich das Kleine Schwarze, endlich mal wieder aus dem Schrank zu dürfen. Auf zwei Ebenen wird gegessen, getanzt, getrunken und regelmäßig Live-Musik gespielt. Der „Geschmack der Nacht" hat hier eine ambitionierte Note: Auf der Speisekarte stehen etwa Flanksteak und gegrillte Calamari. Wer eine sättigendere Unterlage braucht, dem wird Luxus-Pizza serviert – mit Trüffel und Büffelmozzarella. Achja, und was den Namen betrifft, können es sich Nachtschwärmer aussuchen: Calea ist sowohl ein aztekisches Traumkraut mit sanft psychoaktiver Wirkung als auch das hawaiianische Wort für Freude.

INFO

So tief unter der Erde stört man keine Nachbarn: Nachtschwärmer mit Stil können am Wochenende bis 6.00 Uhr früh im Calea feiern.

LINDENKELLER

Schubert, Mozart & Co:
Wo die Prominenz speiste

📍 **Lage:** *Rotenturmstraße 12, 1010 Wien* 🕐 **Öffnungszeiten:** *Mo–So 11.00–15.00, 17.00–22.00* 🔗 **Webseite:** *www.lindenkeller.cc*

Angeblich wurde hier der Tafelspitz erfunden. Ob's stimmt? Auch für das Alter des Lindenkellers gibt es keine schriftlichen Beweise (mehr), aber laut der offiziellen Restaurant-Geschichte werden hier seit 1435 Gäste bewirtet. Wir haben es also mit dem ältesten Kellerlokal von Wien zu tun. Der ehemalige Name „Zur Linde" erinnert jedenfalls an eine sagenumwobene Linde, die einst vor dem ersten Pfarrhof von St. Stephan stand – das Lokal liegt nahe am Dom. Die „Anreise" zum Lindenkeller gestaltet sich wie bei fast allen historischen Kellerlokalen Wiens erstmal steil die Treppen runter, dann aber enden die Gemeinsamkeiten. Statt urigem Ambiente vor unverputzten Wänden finden sich hier weiß gedeckte Tische, Stoffservietten und dezente klassische Musik im Hintergrund. Auf der Karte stehen alle Wiener Klassiker, vom Schnitzel bis zum Apfelstrudel. Die Gewölbe mit den wuchtigen Torbögen haben jedenfalls schon viel Prominenz gesehen: Mozart, Beethoven und Schubert speisten hier, auch Napoleon und Hitler waren zu Gast.

INFO

Beim Abgang zum Restaurant ist eine Inschrifttafel aus 1453 eingemauert, die auf die damals fertig gestellte Hauskapelle Bezug nimmt.

RATHAUSKELLER

RATHAUSKELLER

Originelle Optik:
Feiern unter dem Rathaus

📍 **Lage:** *Rathausplatz 1, 1010 Wien* 🕐 **Öffnungszeiten:** *Mo–Sa 11.30–15.00, 18.00–23.30* 🔗 **Webseite:** *www.wiener-rathauskeller.at*

Sehr historisch, sehr groß und sehr labyrinthisch: Den Rathauskeller mag man – oder eben nicht, dazwischen ist nicht viel möglich. Das monumentale, neugotische Rathaus wurde 1883 fertig gestellt, der Architekt Friedrich Schmidt hatte auch einen Keller in der Bauplanung vorgesehen, der wurde jedoch erst 1899 eröffnet. Seither befindet sich unterhalb des Rathauses ein riesiger Gastronomiebetrieb: Man kann gleichzeitig bis zu 1.000 Menschen hier empfangen. Natürlich verteilt auf mehrere Räume – und die machen, den unpersönlichen Gängen und dem manchmal nicht ganz freundlichen Personal zum Trotz, die Attraktion des Lokals aus. Jeder Saal wurde künstlerisch gestaltet. Der neobarocke Salon Ziehrer präsentiert sich elegant mit Seidentapeten und goldverzierter Vertäfelung, die Fresken im Rittersaal zeigen mittelalterliche Szenen und den Grinzinger Keller dominiert ein riesiges Weinfass. Besonders beliebt ist der Rathauskeller für Bälle und Weihnachtfeiern. Kein Wunder, Platzmangel ist hier ja bekanntlich kein Problem.

INFO

Für die künstlerische Ausgestaltung des Rathauskellers und seiner Säle wurden 1899 der Architekt Josef Urban und der Maler Heinrich Lefler engagiert.

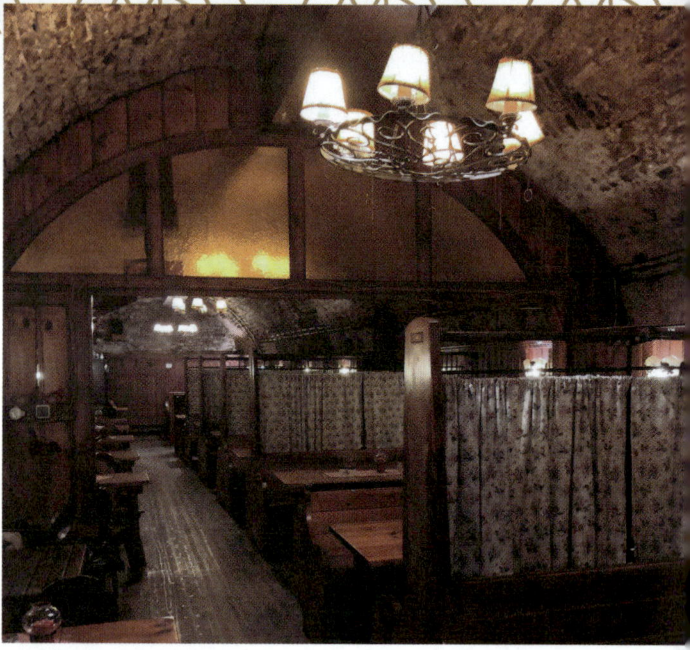

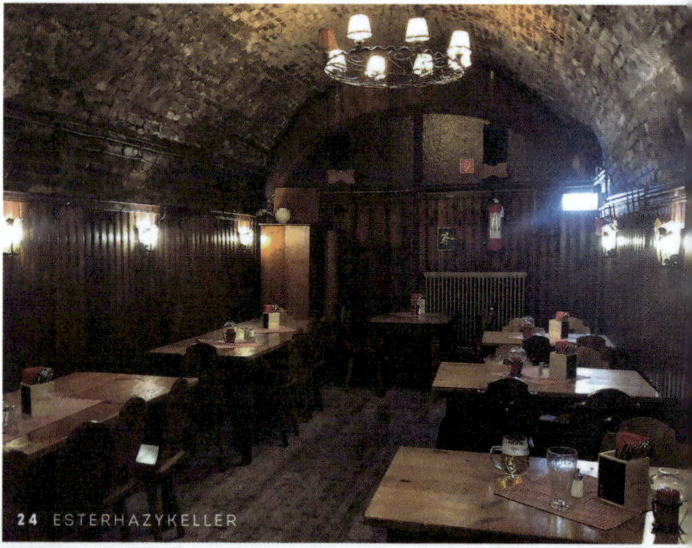

ESTERHAZYKELLER

Weinseligkeit & Nostalgie:
Das Gewölbe aus dem 15. Jahrhundert

Lage: Haarhof 1, 1010 Wien **Öffnungszeiten:** Mo–Fr 16.00–23.00;
Sa, So 11.00–23.00 **Webseite:** www.esterhazykeller.at

27 Treppen führen steil hinunter in die erste Kelleretage – und an einen Ort, an dem die Zeit eindeutig stehen geblieben ist. Man kann sich nur nicht entscheiden, ob es die 1960er Jahre sind oder doch die 1760er. Wein wird hier jedenfalls bereits seit 1683 ausgeschenkt, als Fürst Esterhazy während des Türkenkriegs sein Regiment zur moralischen Stärkung mit Freiwein versorgen ließ. Die handgemachten Ziegel des Originalgewölbes stammen sogar aus dem 15. Jahrhundert, das weitläufige Lokal verteilt sich auf alle 700 Quadratmeter der Etage. Darunter liegt in gleicher Größe ein zweiter Keller, der dritte, noch tiefer gelegene, fiel dem U-Bahn-Bau zum Opfer. Wo der berühmte unterirdische Gang zur Hofburg abzweigt, ist leider nicht angeschrieben, aber dafür versorgt einen der sympathische Service mit deftigem Essen und Weinen der Esterhazyschen Weingüter. Bauernpfandl, Geselchtes und gebackener Emmentaler (also doch die 1960er!) schaffen die Grundlage für gepflegtes Bechern. Das taten übrigens schon Mozart und Haydn hier.

INFO

Da Joseph Haydn, Kapellmeister des Fürsten Esterhazy, hier gerne trank und sich zu vielen Werken inspirieren ließ, ist ihm ein kleines Museum im Lokal gewidmet.

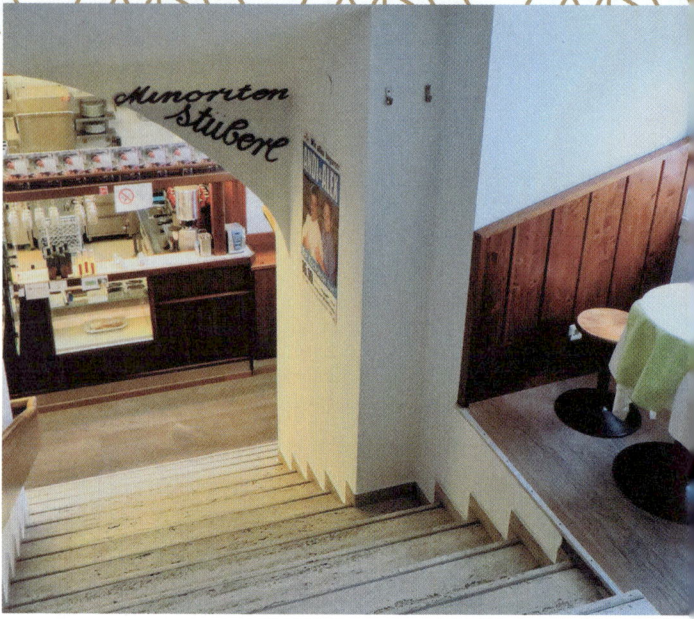
Minoriten
Stüberl

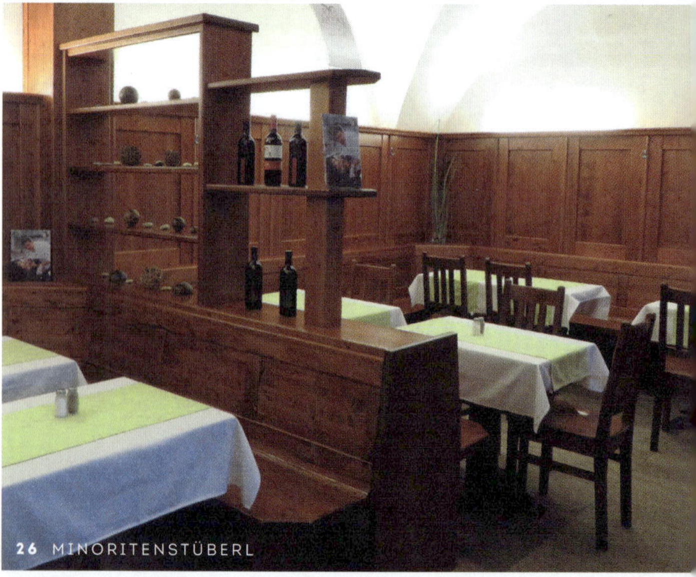

MINORITENSTÜBERL

Die Gourmet-Kantine:
Mannerschnittenschaum mit Amaretto

📍 **Lage:** *Minoritenplatz 5, 1010 Wien*
🕐 **Öffnungszeiten:** *Mo–Fr 11.30–13.30* 🖥 **Webseite:** *www.andiwojta.at*

So was gibt's wahrscheinlich nur in Wien. Ein landesweit bekannter Fernsehkoch betreibt sein Lokal nicht im Zentrum der Macht, sondern drunter. Am Minoritenplatz reiht sich ein Ministerium ans nächste – und wer im Unterrichtsministerium die steilen Treppen, gleich rechts vom Eingang, hinunter in das mächtige Untergeschoß nimmt, trifft auf Andi Wojta. Der TV-Star aus der ORF-Serie „Frisch gekocht", der in Gourmettempeln wie Reinhard Gerers „Korso" oder dem legendären „Aubergine" von Eckart Witzigmann in München kochte, führt hier die Kantine. Jeden Mittag steht er selbst hinter dem Tresen, herzlich und bodenständig. Und Himmel, schmeckt's hier gut! Die Fleischpalatschinken ein Gedicht, die Wurstfleckerl ein Erlebnis. Echte Wiener Küche auf Gourmet-Niveau – zu Kantinenpreisen! Dass die Zeit hier einrichtungsmäßig irgendwann in den 1970ern stehen geblieben ist, fällt da gar nicht mehr auf. Und das Beste: Die versteckte, aber große Kantine ist für jedermann zugänglich.

INFO

Rezepte von Andi Wojta findet man in seinen Kochbüchern „Meine Wiener Küche" und „Kochen mit Andi und Alex" (beide D+R Verlag) sowie auf seiner Webseite.

VILLON

Hinab ins Mittelalter:
Weinbar, Weinshop, Historykeller

📍 **Lage:** *Habsburgergasse 4, 1010 Wien*
🕐 **Öffnungszeiten:** *Mi–Sa 14.00–23.00* ▶ **Webseite:** *www.villon.at*

Vier Stockwerke tief ist eines der ältesten Kellergewölbe Wiens. Auf mindestens 500 Jahre schätzt man das Alter des Untergrunds in der Habsburgergasse. Einst beherbergten diese Keller, die über 16 Meter in die Tiefe reichen, den kaiserlichen Wild- und Geflügelhandel, heute findet sich dort ein Weinkeller und so etwas wie eine kleine historische Erlebniswelt. Denn in der Weinbar Villon kann man sich nicht nur durch Dutzende Weine testen, sondern auch der unterirdischen Geschichte der Innenstadt nachspüren. In einem Luftschutzkeller aus dem Zweiten Weltkrieg sieht man, wie die Menschen damals vor Fliegerangriffen Schutz suchten. An das erotische Etablissement „Opiumhöhle" erinnert ein Séparée – in der zweiten Hälfte des letzten Jahrhunderts beherbergten die Kellergewölbe diese Lasterhöhle auf höchstem Niveau. Und bei kommentierten Weinverkostungen kann man nicht nur Wiener Wein kennenlernen, man wird auch durch Wiener Keller geführt. Wer lieber allein unterwegs ist, schnappt sich einen Audioguide.

INFO

Benannt ist die Kellerwelt nach Francois Villon, dem bedeutendsten Dichter des französischen Mittelalters – und dem bekanntesten Säufer seiner Zeit.

HELL

FÜR HÖLLISCH GUTE MOMENTE.

NEU

ZERTIFIZIERTE
SLOW BREWING
SPITZENQUALITÄT

4,5% vol. Alk.

HÖLLISCH BIERIG

BRAUKUNST AUF HÖCHSTER STUFE.

Shops

EINKAUFS-
ERLEBNIS

———

SOFAS
LAMPEN
STÜHLE
ACCESSOIRES

LEDERLEITNER HOME

—

Chic & witzig:
Deko für den Großstadtdschungel

Lage: *Tuchlauben 7a, 1010 Wien*
Öffnungszeiten: *Mo–Sa 10.00–17.00* **Webseite:** *www.lederleitner.at*

Früher schritt man diese Treppen hinunter, um einen schönen Kino-Abend zu verbringen. Manche werden sich sicher noch erinnern, dass hier fast 100 Jahre lang das 1913 gegründete Tuchlaubenkino beheimatet war. Nach der Schließung des Kinos übernahm der Garten- und Einrichtungsspezialist Lederleitner die riesige Fläche unter dem Goldenen Quartier. Romantische Untergrundgewölbe sucht man hier vergeblich, alles wirkt industriemäßig-technisch und clean – was allerdings niemanden stört. Denn in dem puristischen Concept Store findet man auf gut 700 Quadratmetern alles, was man zum „Schöner Wohnen" braucht – oder ab sofort unbedingt haben will. Home-Accessoires, Sofas, Geschirr und Lampen, außerdem Kosmetik, Küchenutensilien und technische Geräte wie schicke Retro-Radios. Das Loft ist die perfekte Fundgrube für die schönen Dinge des täglichen, aber nicht alltäglichen Lebens. Hier macht sogar ein weißer Affenkerzenleuchter oder eine buntblumige Monstervase etwas her. Stylish und gar nicht gut fürs Börserl ;-)

INFO

Auch das Wiener Blumenparadies von Lederleitner befindet sich in einem Untergeschoß: nämlich im Souterrain der Börse am Schottenring 16.

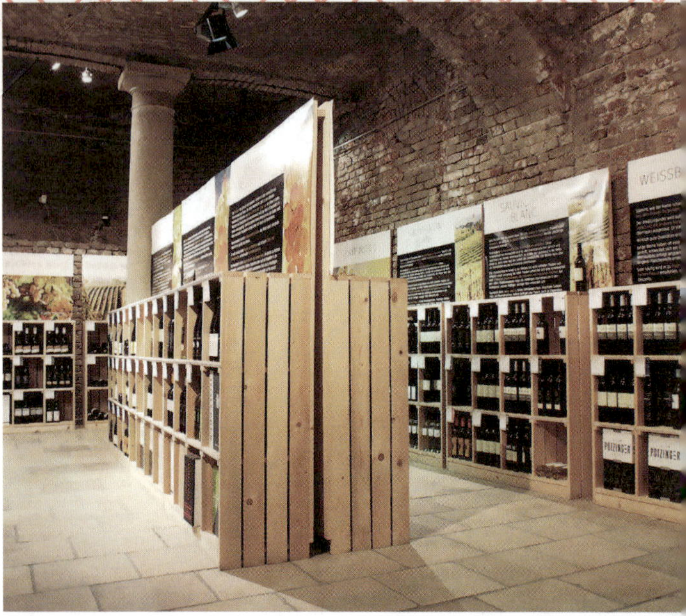
POTZINGER
POTZINGER

AUTOCHTONE &
RIESLING

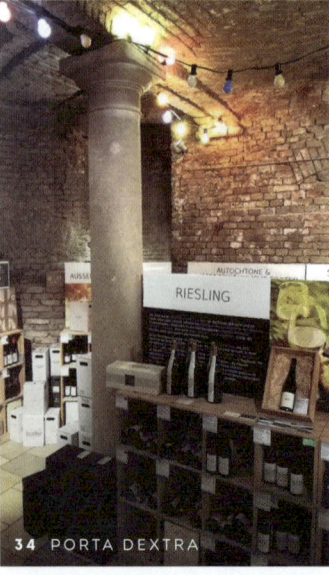

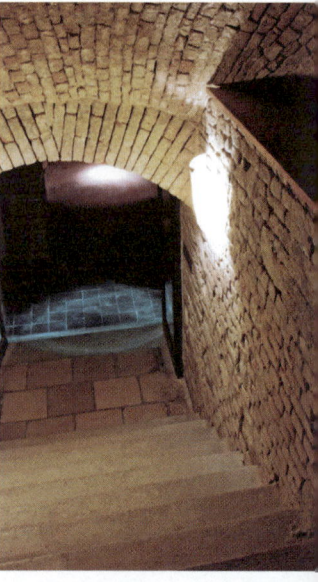

HAAS & HAAS PORTA DEXTRA

Römerfunde im Untergrund:
Der perfekte Weinkeller

Lage: *Ertlgasse 4, 1010 Wien* **Öffnungszeiten:** *Mo–Fr 10.00–18.30;*
Sa 10.00–18.00 **Webseite:** *www.abhofvinothek.at*

Ein Keller voller Überraschungen! Als die Familie Haas ihr Geschäft in einen Feinkostladen für regionale Spezialitäten umwandelte und im Zuge dessen die Keller renovieren ließ, fand man Zinnen, Gesimse und mächtige Steinquader – man fand das rechte Lagertor des römischen Legionslagers Vindobona, auf dem die Wiener Altstadt steht. Die „Porta Principalis Dextra" ist allerdings nicht das einzige Kellerwunder hier, auch eine „Josephinische Säule" ist erhalten geblieben, und zwar eine besonders wertvolle. Mit solchen Säulen mussten 1711 die Keller verstärkt werden, um die mehr als 22.000 Kilo schwere Glocke Pummerin zum Stephansdom transportieren zu können. Im Erdgeschoß des geschichtsträchtigen Hauses werden heute die besten Produkte österreichischer Kleinproduzenten und Bauern verkauft, in den Kellern lagern vier Stockwerke tief (es handelt sich um einen der tiefsten Keller Wiens) heimische Weine. Verkauft werden die zu Ab-Hof-Preisen – und die Keller kann man nicht nur besichtigen, es finden auch regelmäßig Weinverkostungen hier statt.

INFO

Alle römischen Funde in Wien liegen mehrere Meter unter dem heutigen Straßenniveau. Nachfolgende Generationen bauten immer auf dem Schutt der Vorfahren.

GARPA

—

Exklusives Gartenmöbelglück:
Der Schauraum unter der Erd

📍 **Lage:** *Schulhof 6, 1010 Wien* 🕐 **Öffnungszeiten:** *März bis Juli:*
Mo–Fr 09.00–18.00, Sa 10.00–16.00; August bis Februar:
Mo–Fr 10.00–16.00 🔽 **Webseite:** *www.garpa.at*

Seit mehr als 40 Jahren entwirft die norddeutsche Firma Garpa zeitlos schöne Möbel für Gärten, Terrassen, Balkone und Parks – sofern man einen solchen besitzt. Logisch, dass auch das Wiener Geschäft an einem besonderen Ort liegen muss: Der sogenannte Schulhof im ersten Bezirk ist eine der ältesten Ecken der Stadt. Verwinkelt, romantisch und kaum von Touristen überlaufen. Bis 1420 war der Schulhof Teil der Judenstadt, danach fungierte er als Friedhof und um 1550 wurde er den Jesuiten übergeben. Heute steht am Schulhof 6 ein Barockhaus mit einem beeindruckend schönen Portal – und das dient der Firma Garpa als Eingang zu einem riesigen Showroom für exklusive Gartenmöbel und Gartenaccessoires. Die repräsentativen Räume beschränken sich aber nicht nur auf das Erdgeschoß. Treppe um Treppe steigt man in schön renovierte Kellergeschoße hinunter, in denen Teakmöbel, Deckchairs, Gartenbänke und stylishe Outdoorliegen vor roten Backsteinwänden präsentiert werden. So elegant kann ein Keller sein!

INFO

In dem Haus lebte zum Ende des 17. Jahrhunderts Johann Jakob Kürner, der zu den wichtigsten Buchdruckern und Verlegern seiner Zeit gehörte.

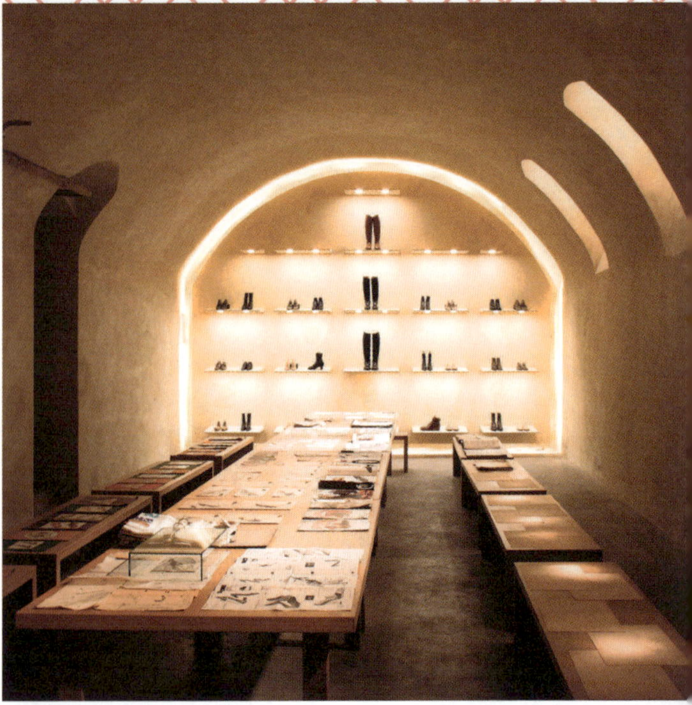

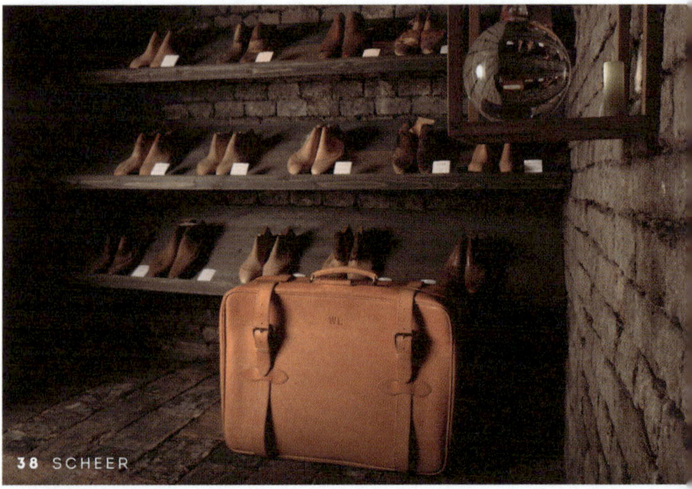

SCHEER

—

Eine Bühne der Sinne:
Edel-Schuhe und Handwerkskunst

📍 **Lage:** *Bräunerstraße 4, 1010 Wien*
🕐 **Öffnungszeiten:** *Mo–Fr 10.00–17.00* 📺 **Webseite:** *www.scheer.at*

So was nennt man Tradition! Seit 1816 werden bei Scheer in siebter Generation exquisite und höchstpreisige Maßschuhe von Hand gefertigt. Die wunderschön renovierten Geschäftsräume nahe der Hofburg zeugen von erlesener Kundschaft: Tausende nummerierte Schuhleisten von Kaisern, Königen und betuchten Kunden aus der ganzen Welt sind über die Werkstatt des ehemaligen k.u.k. Hof-Schuhmachers verteilt. (Die größten Schuhe trug übrigens immer Kaiser Franz Joseph, niemand durfte seine Fußlänge übertreffen.) Geschichtsträchtig geht es aber nicht nur in den oberirdisch liegenden Stockwerken zu, sondern auch im Untergrund. Die uralten Kellerräume, die deutlich älter sind als das Haus, können bei Führungen und Veranstaltungen besichtigt werden. Hier ist auch ein kleines Museum untergebracht, wer genau schaut, entdeckt da etwa die Schuhleisten von Franz Kafka. Bei Renovierungsarbeiten im Keller wurde sogar eine überraschende Entdeckung gemacht: Ein jüdischer Ritual-Brunnen zieht sich hier in die Tiefe hinab.

INFO

Bei Führungen kann man die exklusive „Scheer Welt" kennenlernen und dabei in die Kunst und die noble Atmosphäre eines traditionellen Handwerks eintauchen.

ART & STYLE

Juwel aus 1910:
Megastore im Boulevardtheater

⊙ **Lage:** *Annagasse 3, 1010 Wien* ⊙ **Öffnungszeiten:** *Mo–Fr*
10.30–19.00; Sa 10.30–18.00 ▶ **Webseite:** *www.artandstyle.at*

Was für eine Entdeckung! Jahrzehntelang als Abstellfläche für Diskos benützt und vergessen, wurde 2009 im Untergeschoß des Annahofs ein einst berühmtes Theater „wiedergefunden". Eine der schönsten Boulevard-Bühnen Wiens war hier ein halbes Jahrhundert im Dornröschenschlaf gelegen – wachgeküsst wurde das Jugendstil-Juwel von „Art & Style". Dessen Besitzer war auf der Suche nach einer großen Shop-Fläche, um die kompletten Schuh-Kollektionen von Converse und Dr. Martens präsentieren zu können. Fündig wurde er in der Annagasse. Doch zuerst musste das Ensemble unter Mitwirkung des Bundesdenkmalamts drei Jahre lang restauriert werden, denn was man fand, war eine Sensation: original erhaltene Papier-Tapeten von Otto Prutscher sowie alle Holzverbauten inklusive Bühne, Logen und Orchestergraben. Und so kann man heute auf 1.000 Quadratmetern lässige Schuhe einkaufen, die neben goldenen Säulen und exotischen Dschungel-Tapeten in Tausenden Schuhschachteln gestapelt sind. Man muss nur über viele Treppen in den Keller hinuntersteigen.

INFO

1910 wurde hier das Max & Moritz Theater gegründet. 1911 trat dort erstmals Hans Moser auf. Später wurde es als jüdisches Kabarett und 1955 von Fatty George als Jazz-Club genützt.

SOLEBOX

Kunst und Klamotten:
Kultstore beim Stephansdom

Lage: *Jasomirgottstraße 6, 1010 Wien* **Öffnungszeiten:** *Mo–Do 10.00–19.00; Fr, Sa 10.00–20.00* **Webseite:** *www.solebox.com*

Berliner Sneakerkultur trifft auf Wiener Kunstesprit: Der ungewöhnlich Store (oder sollte man besser sagen: die Galerie?) erstreckt sich über zwei Stockwerke. Im Erdgeschoß hinter den riesigen Schaufenstern hängt zeitgenössische Streetart an den Wänden, im Untergeschoß wird angesagte Mode und Schuhwerk verkauft. Anders als in vielen Locations steigt man hier aber keine engen, verwinkelten Treppen in den Untergrund hinab. Ganz im Gegenteil – offen, hell und großzügig geht es hinunter zu Sneakern, Streetware, Büchern & Co. Ausgesuchte Teile von Nike, Puma, Asics und Daily Paper hängen an den cleanen Betonwänden, auch zeitlose Taschen aus Japan findet man. Vor allem aber ist solebox Wiens erste Anlaufstelle für limitierte und exklusive Sneaker – da heißt's dann aber schnell sein, denn die zukünftigen Besitzer werden wegen der großen Nachfrage meistens vorab ausgelost. Originell sind hier übrigens auch die riesigen, echten Steine, die im Shop herumliegen. Sie dienen als Sitzgelegenheit.

INFO

Das erste solebox Geschäft wurde in Berlin eröffnet, mittlerweile gibt es die angesagten Stores auch in Wien, München, Brüssel und Amsterdam.

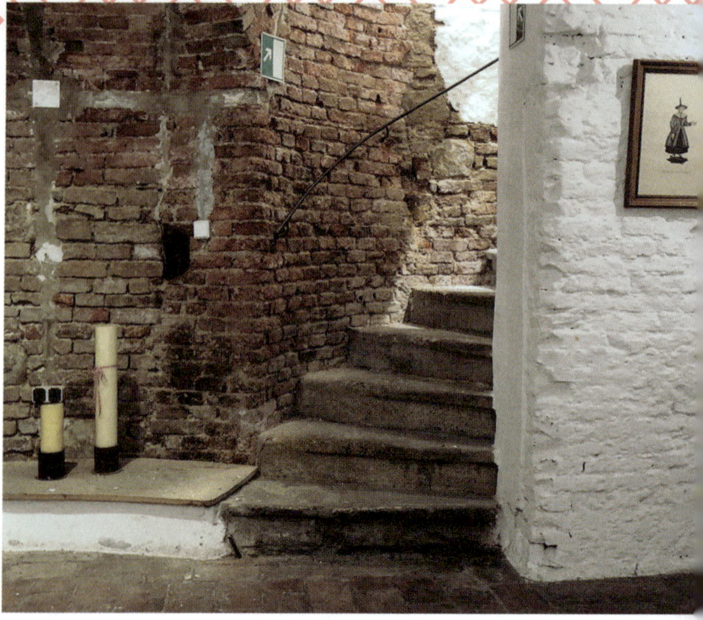

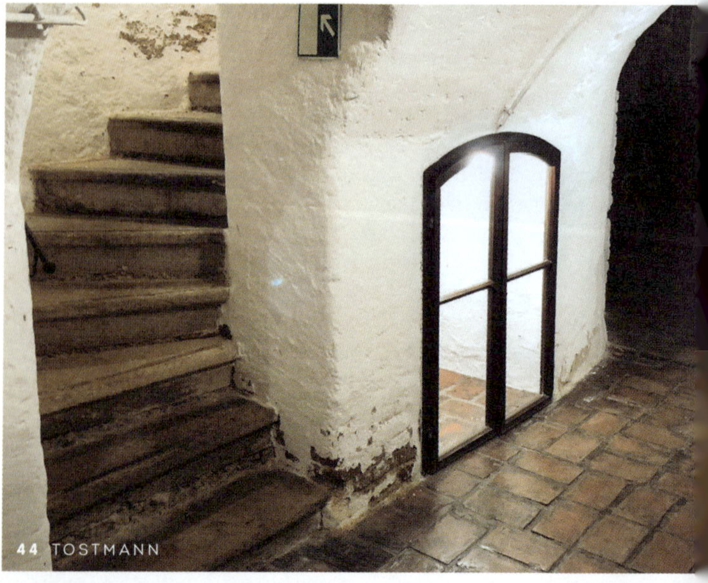

TOSTMANN

Unter dem Trachen-Geschäft:
Das Kellerlabyrinth des Melker Hofs

📍 **Lage:** *Mölkersteig, 1010 Wien* 🕐 **Öffnungszeiten:** *Mo–Fr 10.00–18.30;*
Sa 10.00–18.00 🔽 **Webseite:** *www.tostmann.at*

Oben hängen die schönsten Trachten des Landes, steigt man die Treppe runter, landet man schnurstracks in der tiefsten Vergangenheit. Die beiden Tostmann-Shops (Schottengasse 3 und Mölkersteig) residieren im Melker Hof: Das Benediktinerstift Melk erwarb hier 1438 ein Haus, das als Residenz für die Melker Äbte diente. In die noch aus dem Mittelalter stammende Unterwelt gelangt man vom Herrengeschäft am Mölkersteig aus. Eine Wendeltreppe führt hinab ins riesige Kellerlabyrinth, in dem auch immer wieder mal Ausstellungen und Veranstaltungen stattfinden. Im darunter liegenden, zweiten Kellergeschoß wird es dann gruselig. Der Boden nur noch gestampft, irgendwo tropft es laut in einer finsteren Ecke, hinter abgemauerten Schlurfen stapeln sich Dinge aus vergangenen Jahrhunderten. Wer sich also von den wunderschönen Trachten und Accessoires im Geschäft losreißen kann, fragt nach dem Abgang in den Keller. Die freundlichen Damen des Shops öffnen gerne den Abstieg ins Reich unter dem Melker Hof – und drehen das Licht an.

INFO

Tostmann Trachten werden am Attersee und in Wien produziert, ein Tostmann Dirndl ist so etwas wie der Rolls Royce unter den Trachtengewändern.

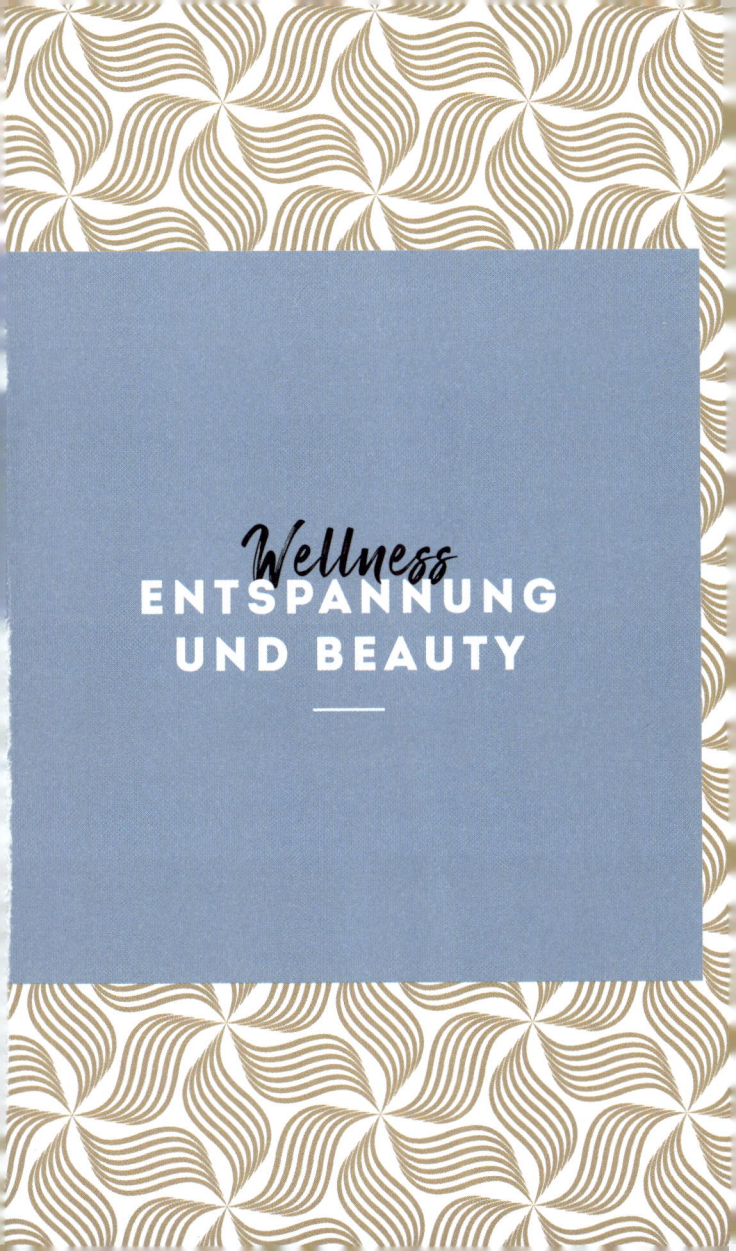

Wellness
ENTSPANNUNG
UND BEAUTY

AISAWAN

Buddha & Schoko-Peeling:
Asiatisches Luxus-Boutique Spa

Lage: *Grünangergasse 8, 1010 Wien*
Öffnungszeiten: *Mo–So 11.00–21.00* **Webseite:** *www.aisawanspa.at*

Ein Day Spa zum Abtauchen in eine andere Welt: Nicht nur, weil es hier in den Untergrund geht, sondern weil man sich schlagartig in Asien befindet. Beim Empfang im Erdgeschoß tauscht man die Straßenschuhe gegen Seidenpantoffeln und sucht sich an der Duftproben-Bar das persönliche Massageöl aus. Dann schreitet man mehrere Stockwerke hinunter in jahrhundertealte Gewölbe – wunderschön möbliert mit balinesischen Holzmöbeln, Buddha-Statuen und goldenen Göttinnen. Den Alltag hat man da schon längst hinter sich gelassen, die teils kirchenhohen Räume verstärken das Gefühl, in einem Tempel zu sein. Angeboten wird alles, was gut tut und entspannt: Royal Thai Massage zur Regeneration, Hamam zur äußeren und inneren Reinigung, Hot Stone Massage mit erhitzten Lavasteinen oder Schokolade-Peeling mit anschließender Balinesischer Massage. Zum Abschluss jeder Behandlung geht's ab in den Ruheraum, wo man es sich auf Liegen bequem macht, dem Plätschern eines Brunnens lauscht und Tee trinkt. So elegant kann es im Untergrund sein!

INFO

Rund um den Stephansdom liegen unter jedem Haus riesige Kelleranlagen wie hier in der Grünangergasse. Noch in den 1950er Jahren waren alle Keller miteinander verbunden.

ARANY SPA

Park Hyatt Vienna:
Der Pool im Tresorraum

Lage: *Am Hof 2, 1010 Wien* **Öffnungszeiten:** *Mo–So 07.00–22.00*
Webseite: *vienna.park.hyatt.com*

Hier ist tatsächlich vieles Gold, was glänzt: Arany bedeutet auf Ungarisch Gold, und diesem Namen macht das luxuriöse Beauty-Reich alle Ehre. Im Untergrund des eleganten Park Hyatt Hotels untergebracht, ist es sowohl für Hotelgäste als auch für Besucher von außerhalb sieben Tage die Woche geöffnet. Das ungewöhnliche Prunkstück der Anlage ist der Pool: Hinter tonnenschweren Stahltüren liegt er im unterirdischen Tresorraum der früher dort ansässigen Bank – und man schreitet auf einer Treppe zum Beckenrand empor wie zu einem römischen Brunnen. Wo einst Geld und Gold gelagert wurden, entstand eine Oase der Ruhe und Entspannung. Für die Treatments stehen Privat-Suiten samt Umkleide und Dusche oder Bad zur Verfügung, der Saunabereich ist großzügig, die Nischen zum Relaxen dafür sehr privat. Und wem der Sinn nach Fitness steht, kann natürlich im unterirdischen Studio auf allen nur denkbaren Geräten trainieren. Schon das mit Perlmutt, Edelsteinen und Gold beglitzerte Interieur ist einen Blick wert. Sehr edel!

INFO

Das Luxushotel Park Hyatt Vienna steht auf geschichtsträchtigem Grund: Bei Arbeiten am Grundstück wurden Überreste von römischen Kasernen gefunden.

HERBARIUM OFFICINALE

Ganz allein:
Tagträumen tief unter der Stadt

◉ **Lage:** *Hoher Markt 5, 1010 Wien* ◷ **Öffnungszeiten:** *Mo–Fr 10.00–19.00; Sa 10.00–17.00* ◱ **Webseite:** *www.herbarium-officinale.com*

Absolute Stille! Man kann es kaum fassen, wie viele Lichtjahre man sich wegbeamen kann vom Alltag – und das mitten in der quirligen Innenstadt. Allerdings heißt es zuerst einmal: Treppen runter, Kopf einziehen, lange Gänge im Untergrund schreiten. Der mystische Raum der Ruhe gehört zum Herbarium, einer chicen Kräuter-Zentrale am Hohen Markt. Zum Ankommen wird ein beruhigender Tee serviert, dann folgt man einer netten Person in die renovierten Keller bis zum Meditationsraum – einem Ort der Stille, komplett abgeschieden von Lärm, Licht und Außenreizen, den man 20 oder 40 Minuten für sich alleine reservieren kann. Elegant ausgestattet mit einem gewärmten Dry-floating-Bett (einer Art Wasserbett) und einer perfekten Soundanlage, die das Wasser mit Entspannungsmusik in Wellen versetzt, kann man hier im uralten Gewölbe wunderbar entspannen. Für die schnelle Mittagspause, zum Abbau von Stresshormonen oder einfach zum Glücklichsein! Danach wird man wieder abgeholt und sanft in den Alltag zurückbegleitet.

INFO

Gesundheit, Beauty, Entspannung, Libido: Im Herbarium gibt's für jedes Wehwehchen und jedes Anliegen die passende Kräuter-Lösung inklusive ausführlicher Beratung.

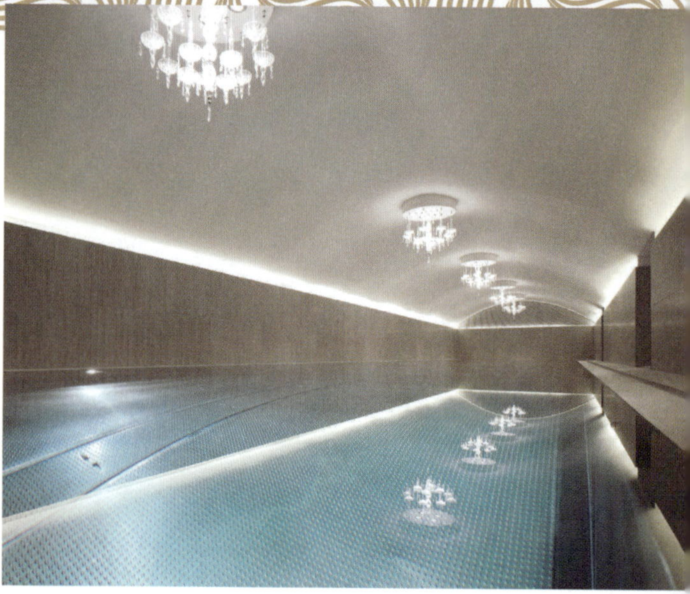

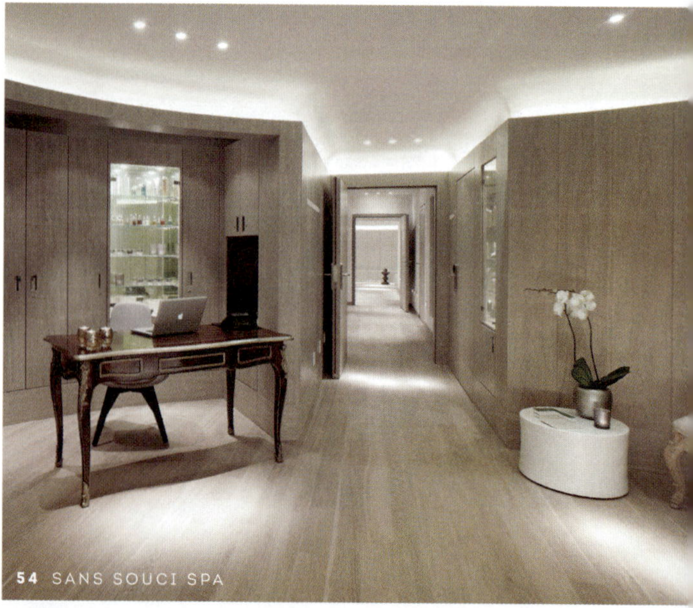

SANS SOUCI SPA

Unterirdisch relaxen:
Die Wellness-Oase im Design-Hotel

📍 **Lage:** *Burggasse 2, 1070 Wien* 🕐 **Öffnungszeiten:** *Mo–So 09.00–22.00;*
Pool und Fitness ab 07.00 ▶ **Webseite:** *www.sanssouci-wien.com*

Für Schwimmer und Luxus-Bienen: Das Spa im stylishen Design-Hotel Sans Souci hinter dem Volkstheater hat den längsten Hotelpool der Stadt. Der von Kristalllustern beleuchtete 20-Meter-Pool kann täglich von 7.00 bis 22.00 Uhr genutzt werden, auch Nicht-Hotelgäste dürfen hier ihre Runden ziehen (dafür werden eigene 10er-Blocks angeboten). Tageslicht dringt zwar keines in die unterirdischen Spa-Räume, aber Sonnenbräune kann frau sich hier ohnehin auf der „Sonnenwiese" holen. Und das Luxus-Spa spielt alle Stückeln von japanischer Fußmassage bis zum Mini-Lifting mit Weinsäure. Schon 1872 wurde das Gebäude als Hotel gebaut, damals als Hotel Höller – die moderne Wellness-Oase wurde aber erst 2010 beim Umbau in den Untergrund des ehrwürdigen Hauses platziert. Wer will, kann hier sogar Mitglied werden und alle Angebote von Sauna über Dampfbad und Pool bis Fitnessbereich exklusiv nutzen. Auf die Privatsphäre der Gäste wird hier jedenfalls penibel geachtet, was übrigens auch – psst! – einige Promis zu schätzen wissen.

INFO

Ein eigenes „Jetlag-Treatment" im Spa hilft nach langen Flügen, schneller wieder frisch zu werden. Die 60-minütige Behandlung beinhaltet Massagen und Gesichtspflege.

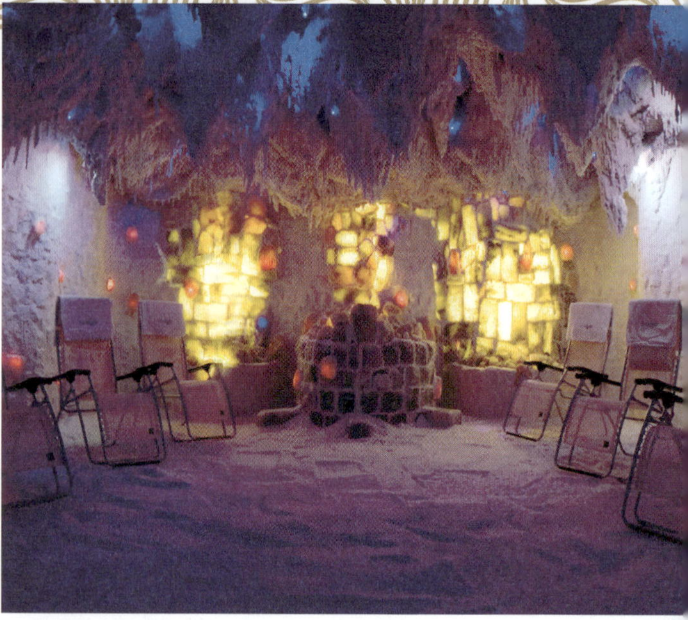

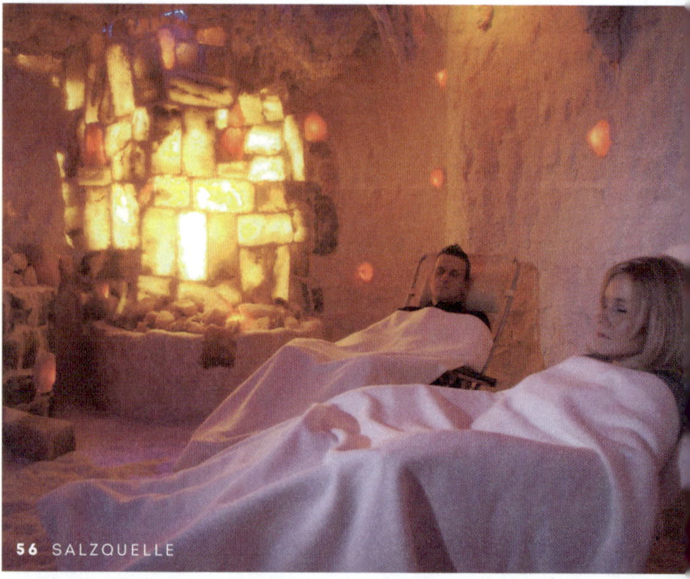

SALZQUELLE

Totes Meer im Untergrund:
Einatmen, ausatmen, entspannen

📍 **Lage:** *Seilerstätte 15, 1010 Wien* 🕐 **Öffnungszeiten:** *Mo–Fr*
11.00–21.00; Sa 11.00–17.00 ▶ **Webseite:** *www.salzquelle.at*

Schon wenn man von der Seilerstätte die Treppen hinunter steigt, riecht man es: das Meer. Dass sich die SalzQuelle in den Tiefen des Kellers niedergelassen hat, hat statische Gründe. Schließlich wurden hier 26 Tonnen Salz verbaut, da tut man sich näher am Boden leichter. Das Salz in dieser schön gestalteten Grotte stammt aus Israel vom Toten Meer. Ein Aufenthalt in der SalzQuelle ist nicht nur für Lunge und Haut ein erquickliches Erlebnis, es ist auch höchst entspannend. 45 Minuten lang ruht man auf bequemen Liegen in dem stillen Salzraum, Entspannungsmusik beruhigt die Nerven und wechselndes Farbenspiel verwandelt den abgedunkelten Raum in eine Art Zwergenreich. Das Salz vom Toten Meer hat einen 60-fach höheren Anteil an Jod (und vielen anderen Mineralien) als normales Meersalz. Das ist der Grund für seine kräftige Heilwirkung, aber auch der Grund dafür, dass man die SalzQuelle höchstens alle zwei Tage besuchen darf. Eine Stunde hier unten im Untergrund hat den gleichen Effekt wie drei Tage am Meer!

INFO

Wer sich etwas Besonderes gönnen will, bucht eine thailändische Massage in der Salzquelle. Die Wirkung der Suvanapum Royal Massage wird durch das Salz verstärkt.

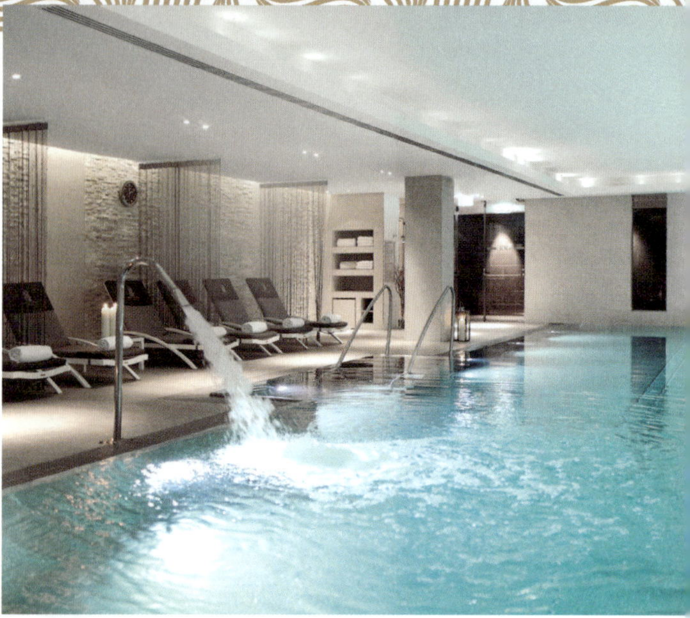

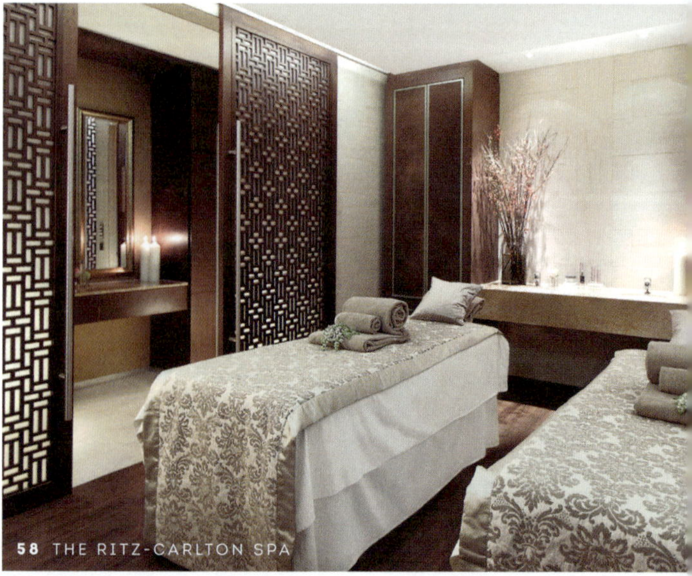

THE RITZ-CARLTON SPA

Urbaner Rückzugsort:
Luxus im Palais-Keller

📍 **Lage:** *Schubertring 5–7, 1010 Wien*

🕐 **Öffnungszeiten:** *Mo–So 6.00–22.00* 📺 **Webseite:** *www.ritzcarlton.com*

Elegant, aber ohne übermäßigen Schnickschnack: Das Spa im Untergeschoss des Fünf-Sterne-Hotels punktet zwar nicht mit ungewöhnlichen Behandlungen, aber Prinzessin ist frau hier allemal. Besonders, wenn man eine der Spa Suiten inklusive Privat-Badezimmer und Jacuzzi bucht. Das Hotel Ritz besteht insgesamt aus vier historischen Ringstraßen-Palais aus dem 19. Jahrhundert – und weitläufig wie das Hotel präsentiert sich auch der Untergrund. Vor allem der 18 Meter lange Pool samt Unterwassermusik und Wasserfall-Nackenmassage lockt Wellness-Fans schon frühmorgens, er ist ab 6.00 Uhr zu benutzen. Dann eine Stress Relief Massage oder ein erneuerndes Facial und schon ist die Welt wieder in Ordnung. Praktisch ist auch der getrennte Wellness-Bereich für Damen und Herren mit je einer Sauna, einem Dampfbad sowie beheizten Entspannungsliegen. Natürlich ist das Spa nicht nur für Hotelgäste, sondern auch für Besucher von außerhalb geöffnet. Und wer hier nach der Arbeit relaxt, sollte danach die Rooftop Bar des Hotels anfliegen!

INFO

Die privaten Spa Suiten sind mit Massageliegen, einer Whirlwanne, privatem Dampfbad und eigenem Bad ausgestattet und können für drei Stunden gebucht werden.

SALZPALAST

Heilsames Raumklima:
Harmonie im Souterrain

⊙ **Lage:** *Albertgasse 26, 1080 Wien* ⊙ **Öffnungszeiten:** *Mo–Fr 10.00–22.00; Sa 14.00–22.00* ⊡ **Webseite:** *www.bodyandsoul-harmony.at*

Das Salz knirscht unter den Füßen wie Sand, sobald man den kleinen „Palast" im Souterrain betritt. Wände, Plafond, Boden – alles besteht hier aus Salz. Wobei die interessante Färbung der Wände sofort ins Auge sticht: Die Salzziegel sind grün. Aus Tonnen von Salz aus dem Toten Meer wurden die Mauern hier aufgebaut, die Farbe ergibt sich aus den eingeschlossenen Algen. Außerdem wurden 60 Himalaya-Salzsteine verbaut, deren Tönung zwischen hellorange und dunkelbraun wechselt. Von hinten angestrahlt tauchen sie den Raum in ein angenehmes Licht. Das heilsame Raumklima bringt das Immunsystem auf Vordermann und unterstützt Haut und Lunge. Bei Kursen und Veranstaltungen wird diese Wirkung noch intensiviert. Bei der wöchentlichen Atemschule lernt man, den Atem „fließen" zu lassen, bei TaoWoman® werden QiGong-Übungen für Frauen praktiziert, die speziell auf das weibliche Hormonsystem abgestimmt sind. Und da der Salzpalast nur 35 Quadratmeter groß ist, finden alle Kurse in angenehm kleinen Gruppen statt.

INFO

Man kann den Salzraum auch exklusiv für sich alleine buchen oder bei der „Exklusiv-Stunde Familie" mit 2 Erwachsenen und 2 Kindern kommen.

KAPUZINERGRUFT

Die Grabstätte der Österreichischen Kaiser
Burial Place of the Austrian Emperors

Täglich / Daily 10:00 - 18:00

Neuer Markt
1010 Wien

www.kapuzinergruft.com

Schau-Plätze
MUSEEN, THEATER & CO

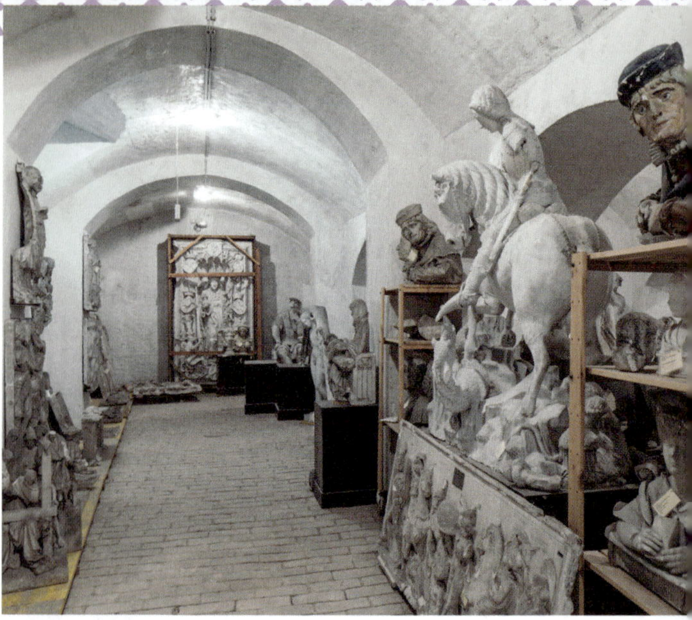

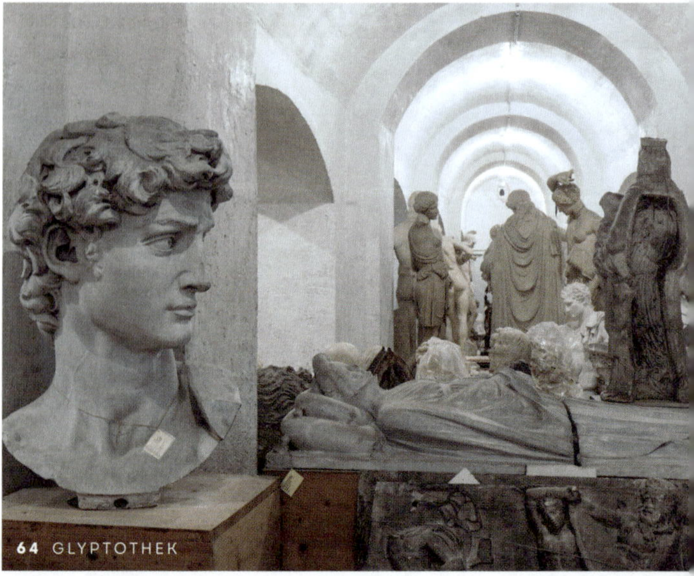

GLYPTOTHEK

Unbekanntes Kleinod:
Die Statuen-Sammlung unter dem Semperdepot

Lage: *Atelierhaus, Lehargasse 8, Tor 1 (Portier), 1060 Wien*
Webseite: *www.akademiegalerie.at/de/Sammlung/Glyptothek*

Zumindest sein Kopf ist noch da! Der Rest von Michelangelos David ist leider verloren gegangen. Was aber niemanden nervös macht, denn es handelt sich „nur" um einen Gipsabguss der Statue. Eines der ungewöhnlichsten „Museen" der Stadt liegt im Untergrund unter dem ehemaligen Semperdepot. Dort lagert die Akademie der bildenden Künste ihre große Sammlung an Gipsabgüssen, die bis in die Gründungsjahre der Akademie zurückgeht. Ihre Aufgabe lag früher darin, den Akademieschülern als Studienmaterial zu dienen. 450 erhaltene Abgüsse sind hier versammelt, darunter Highlights quer durch die Epochen: die Kapitolinische Venus, barocke Porträtbüsten aus der Comédie Française und – als einzigartige Rarität – die spätmittelalterliche Grabplatte des Grabmals Friedrichs III. Öffnungszeiten gibt es für den Schatz im Untergrund keine. Aber in warmen Monaten sind Führungen nach Voranmeldung möglich und es finden Zeichennachmittage statt. Im Winter ist die Glyptothek immer geschlossen – da ist es unten zu kalt.

INFO

Erbaut wurde das heutige Atelierhaus der Akademie der bildenden Künste 1877 von Architekt Gottfried Semper. Das Semper-Depot diente als Lager für Theaterkulissen.

DEMEL MUSEUM

Zucker und Kunst:
Das süßeste Museum Wiens

📍 **Lage:** *Kohlmarkt 14, 1010 Wien*
🕐 **Öffnungszeiten:** *Fr 10.00–12.00* 🖥 **Webseite:** *www.demel.com*

Es ist ja kein Wunder, dass angesichts der Vitrinen voller göttlicher Torten niemand beim Demel daran denkt, in den Keller zu gehen. Aber falls doch: Es zahlt sich aus! Nicht nur, dass hier der Geheimgang zum Burgtheater beginnt, über den sich Kaiserin Sisi mit Süßigkeiten und Eis versorgen ließen. Nein, hier in den unterirdischen Gängen der k.u.k. Hofzuckerbäckerei befindet sich auch das Demel Museum. Das zeigt historische Objekte, die bis zu den Anfängen des Demels 1786 zurückreichen – wie Backformen und tragbare Eisbehälter, in denen das „Gefrorene" transportiert wurde. Vor allem aber zeigt es, dass neben der Zuckerbäckerei beim Demel auch die Schaufenstergestaltung zur Kunst wurde. Seit in den 1930er Jahren Federico Berzeviczy-Pallavicini, Künstler und Ehemann von Klara Demel, begann, die Schaufenster zu bestimmten Anlässen als „Theater für die Straße" zu inszenieren, sind unzählige märchenhafte Kunstwerke aus Zucker und Marzipan entstanden. Die schönsten kann man hier unten bewundern.

INFO

1994 wurde bei Renovierungsarbeiten ein noch tiefer liegendes, zweites Kellergeschoß entdeckt, in dem man römische Mauerreste und einen römischen Brunnen fand.

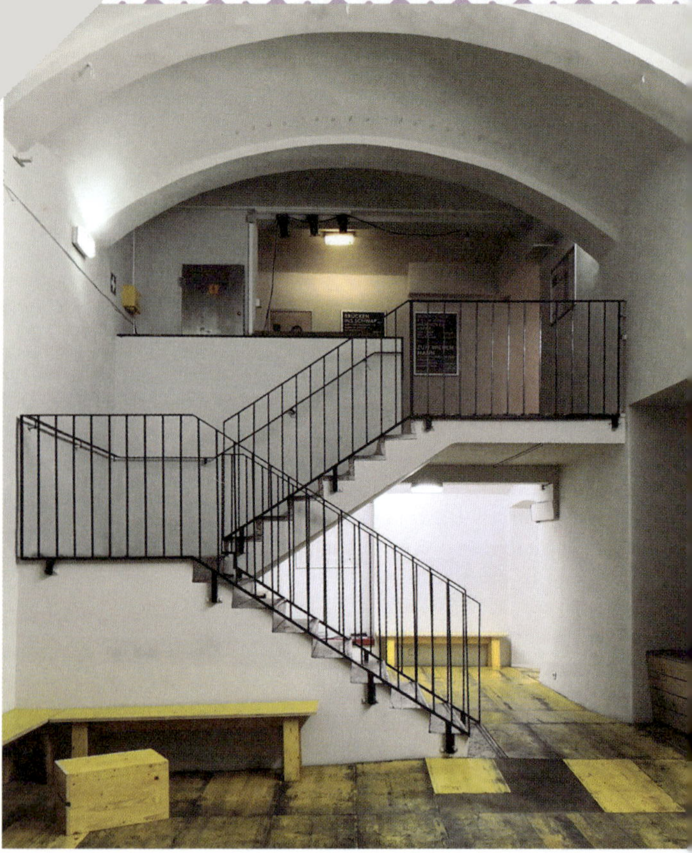

TRY TO BE LULU
BRÜCKEN INS SCHWARZE
ROST
ZUM WILDEN MANN
BRÜCKEN INS SCHWARZE
ROST

GRILLX
WERK
X
ROST

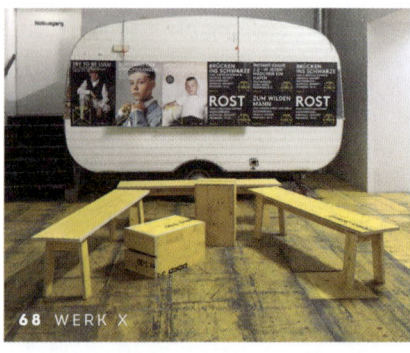

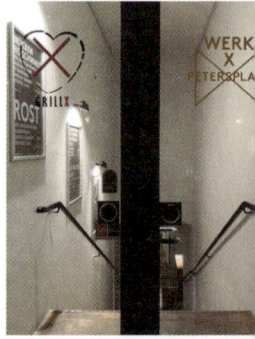

WERK X-PETERSPLATZ

Kultur im Keller:
Modernes Theater mit Tiefgang

📍 **Lage:** *Petersplatz 1, 1010 Wien*

▶ **Webseite:** *werk-x.at*

Kabarett, Gestapo, Jazz: Die Geschichte des heutigen Theaters Werk X-Petersplatz reicht weit zurück. Seit 1873 wird unter dem Gründerzeit-Haus am Petersplatz 1 schon Kultur gemacht, Anfang der 1900er Jahre hieß der damalige Kabarett-Treff „Casino de Paris". In der NS-Zeit wurde er in „Achmed Beh" umgetauft: Der gleichnamige Mogul aus Ägypten warb vordergründig mit exotischen Tänzerinnen, um Gäste ins frivole Wien zu locken. Doch eigentlich wurde der Nachtclub von der Gestapo genutzt, um die Herren aus verbündeten Ländern auszuspionieren. 1958 zog hier Jazz-Legende „Fatty George" ein und lud Louis Armstrong und Ella Fitzgerald zu seinen Jam-Sessions in „Fatty's Saloon". Erst in den 1980er Jahren wehte dann unter Dieter Haspel wieder Theater-Luft im Untergrund, heute werden vor allem zeitgenössische und politische Inszenierungen der freien Szene aufgeführt. Wer die Treppen runtersteigt, kann spannendes Theater erleben oder sich im Grill X, der hauseigenen Bar, an Live-Konzerten und Karaoke-Abenden erfreuen.

INFO

Nicht verwechseln: Das Schwester-Theater Werk X in Meidling wird zwar unter dem gleichen Dachverband geführt, liegt aber weit weg von der Innenstadt.

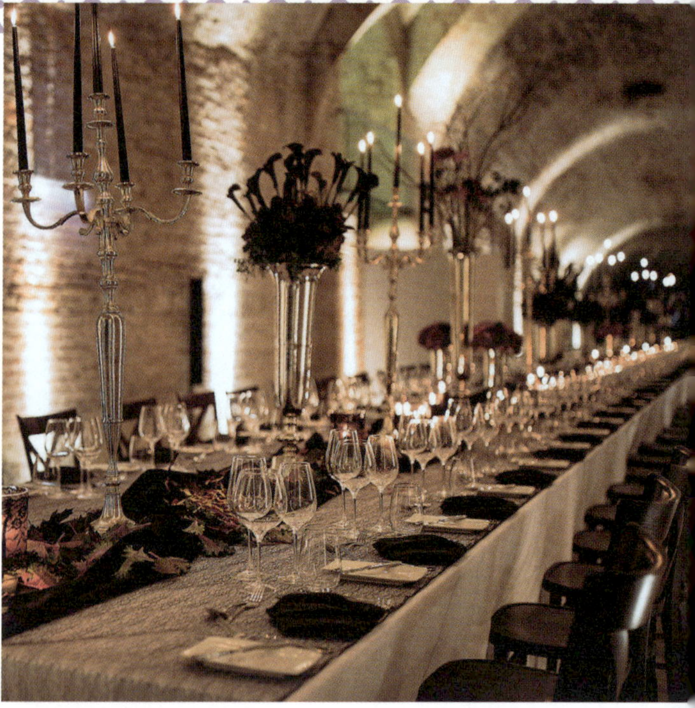

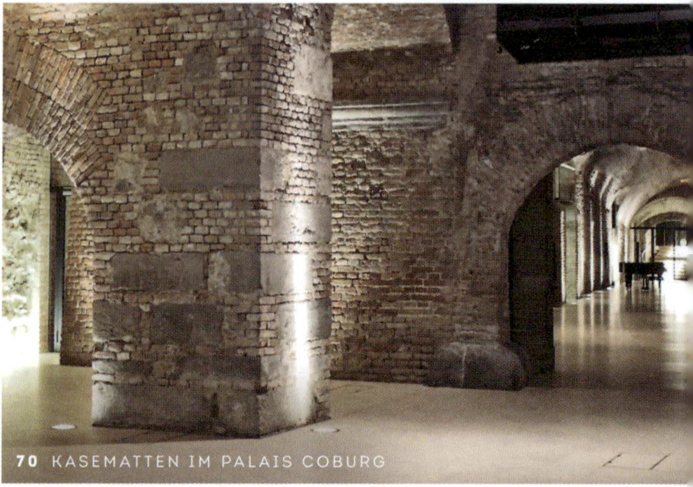

 KASEMATTEN IM PALAIS COBURG

KASEMATTEN IM PALAIS COBURG

Edel & historisch:
Wo Schießpulver und Waffen lagerten

⌖ Lage: *Palais Coburg Residenz, Coburgbastei 4, 1010 Wien*
⏵ Webseite: *palais-coburg.com*

Zur Erklärung: Kasematten sind unterirdische Gewölbe, die zu Verteidigungszwecken angelegt wurden. Solche befanden sich auch seit 1550 unter der Braunbastei an der Wiener Stadtmauer. Als diese zwecks Stadterweiterung abgerissen wurde, ließ Ferdinand von Sachsen-Coburg um 1840 ein Stadtpalais darüber bauen. Heute befindet sich in dem Palast das elegante Luxushotel „Palais Coburg", die gewaltig großen Kasematten aus Ziegelmauerwerk aber blieben erhalten. Sie werden für ungewöhnliche Veranstaltungen genützt: Mode-Events finden hier ebenso statt wie klassische Konzerte oder schaurig-schöne Halloween-Dinner. In den von Kerzen beleuchteten Gewölben werden dann Totentrompeten und Blutige Rüben kredenzt. Ebenfalls im Untergrund befinden sich die prachtvollen Weinkeller des Palais Coburg. 60.000 Flaschen lagern hier auf insgesamt 755 Quadratmetern. Die Sammlung wertvoller Weinraritäten gehört zu den besten der Welt und wurde mehrfach ausgezeichnet – bei Weinkellerführungen und Verkostungen kann man sie besichtigen.

INFO

Das spätklassizistische Palais wurde aufgrund der freistehenden Säulen im Mittelteil der Fassade seit seiner Fertigstellung volkstümlich „Spargelburg" genannt.

TRESOR IM BANK AUSTRIA KUNSTFORUM WIEN

Junge internationale Kunst:
Ausstellung im Tresorraum

Lage: *Freyung 8, 1010 Wien* **Öffnungszeiten:** *Tägl. 10.00–19.00;*
Fr 10.00–21.00 **Webseite:** *www.bankaustria-kunstforum.at*

Im Erdgeschoß des Bank Austria Kunstforums auf der Freyung geht's noch recht klassisch zu, da werden von Picasso über Van Gogh bis Warhol regelmäßig alle großen Namen der internationalen Kunst ausgestellt. Schwerpunkt: moderne Klassiker des 20. Jahrhunderts und die Avantgarden der Nachkriegszeit. Im Untergeschoß allerdings wird es jünger und wilder – da gelangt man dann in den tresor, wo Nachwuchs-Kunst aus aller Welt gezeigt wird. Und ja, das hier ist tatsächlich ein echter Tresor! Die Decken hängen tief, doch beklemmend ist es nicht, da der Raum mit seinen 400 Quadratmetern recht weitläufig angelegt ist. Schließlich musste im ehemaligen Tresorraum der Zentralsparkasse und Kommerzbank AG früher viel gebunkert werden. Also was tun mit so einem Raum, der einst für Abgeschlossenheit und Sicherheit stand? Ihn öffnen und zugänglich machen: Seit 2005 finden im Untergrund nicht nur Ausstellungen, sondern auch Vorträge und Kinderateliers statt. Und das Beste: Hier unten ist der Ansturm meist nicht so groß!

INFO

Das BA Kunstforum Wien war das erste privatwirtschaftlich geführte Ausstellungshaus Österreichs. Der tresor zeigt heute schon, wer morgen berühmt sein wird.

KRYPTA „ZUM HEILIGEN GEIST"

Architektur-Juwel:
Die Kirche aus Eisenbeton

📍 **Lage:** *Herbststraße 82, 1160 Wien* 🕐 **Öffnungszeiten:** *Mo–So 07.00–19.00* ▶ **Webseite:** *members.aon.at/pfarre_schmelz*

Das Urteil war vernichtend: Thronfolger Franz Ferdinand nannte die Kirche „eine Mischung von Venustempel, russischem Bad und Pferdestall". Den Grund für das Entsetzen lieferte ein Neubau auf der Schmelz, den der Otto-Wagner-Schüler Jože Plečnik entworfen hatte. Der spätere Architektur-Star, der mit seinen Bauten bis heute das Stadtbild von Ljubljana prägt, stand 1910 vor einer unlösbaren Aufgabe. Er sollte eine Kirche für die immer rascher wachsende Bevölkerung von Ottakring bauen, es war aber nicht genügend Geld vorhanden. Plečnik griff zu einer genialen Lösung: Er verwendete als Baumaterial Eisenbeton, der kostengünstig, aber noch nie zuvor in der monumentalen Baukunst zum Einsatz gekommen war. Im März 1911 startete der Aushub der Baugrube, am 12. Juli konnte in der fertigen Krypta die erste Heilige Messe gefeiert werden. Gestaltet ist die Beton-Krypta mit dünnen Säulen und drei Grotten, die den Eindruck einer Felswand erwecken sollen. Heute steht die Kirche unter Denkmalschutz – ein Meilenstein der Bautechnik.

INFO

Jože Plečnik (1872–1957) war ein slowenischer Architekt, der in Wien, Prag und Ljubljana wirkte. Bei seinen Bauten in Wien wird er als Josef Plecnik bezeichnet.

DER KELLER

*Tief unter dem Laurenzerberg:
Einer der ältesten Keller von Wien*

📍 **Lage:** *Laurenzerberg 2, 1010 Wien*
▶ **Webseite:** *www.derkeller.at*

Sie waren eine interessante Erscheinung des Mittelalters: die Beginen. Unabhängige, selbstständige Frauen, die weder heiraten noch in ein Kloster eintreten wollten. Die Beginen organisierten ihre Gemeinschaft selbst, legten ihr Geld zusammen und lebten in sogenannten Beginenhöfen. Auch in Wien gab es solche Frauenhäuser, etwa seit 1293 am Laurenzerberg. Spannenderweise legten die Frauen im Lauf der Zeit im Inneren des Laurenzerbergs einen gigantischen Keller an: vier Stockwerke tief, Tausende Quadratmeter groß. An der Oberfläche nahm die Zeit und die Architektur ihren Lauf, aus dem Beginenhof wurde ein Frauenkloster, eine Fabrik und schließlich das Hauptpostamt. Die Keller aber blieben. Bis Brigitte Dvorak sich ihrer annahm und einen ungewöhnlichen Club gründete. Heute werden hier nicht nur teure Weine in versperrbaren Abteilen gelagert, sondern die Clubmitglieder können die Unterwelt auch für Veranstaltungen nutzen. Rittersaal, Runder Tisch und Labyrinth sind Teile des Refugiums – im riesigen Gewölbekeller aus dem Mittelalter.

INFO

Räume im vierstöckigen Keller können auch von Nicht-Clubmitgliedern für entsprechende Veranstaltungen angemietet oder bei Führungen besichtigt werden.

HAYDN KINO

Filmhaus mit Tradition:
Bewegte Bilder im Untergeschoß

📍 **Lage:** *Mariahilfer Straße 57, 1060 Wien*
▶ **Webseite:** *www.haydnkino.at*

Ein Kino mit Geschichte: 1914 errichtete man im Untergeschoss des Hauses Mariahilfer Straße 57 ein Theater. Schon drei Jahre später wurde aus dem Theater ein Kino, das nicht nur 600 Personen Platz bot, sondern auch mit Logen und einer großen Galerie ausgestattet war. Bis zur Einführung des Tonfilms waren zudem Musiker im Haydn Kino beschäftigt, die die Filme musikalisch begleiteten. Gegen Ende des Zweiten Weltkrieges wurde das Kino als Luftschutzraum genutzt. Da das Haus glücklicherweise keine Bomben abbekommen hatte, konnte schon 1945 der Kinobetrieb wieder aufgenommen werden. Zwar wurde seither immer wieder umgebaut und erweitert, aber die Einrichtung blieb zum Teil bestehen: Jugendstil und Marmor verleihen dem Haydn Kino sein besonderes Flair. Zusätzlich wurde das Kino mittlerweile auf vier modern ausgestattete Kinosäle vergrößert – und seit 1995 werden ausschließlich englischsprachige Filme ohne Untertitel gezeigt. Das über 100 Jahre alte Kino ist heute einer der internationalsten Orte von Wien.

INFO

Das „English Cinema Haydn" (so der heutige Name) ist eines der letzten familiengeführten Kinos von Wien.

WIENER KRIMINALMUSEUM

Das dunkle Wien:
Mördergeschichten im Keller

📍 **Lage:** *Große Sperlgasse 24, 1020 Wien* 🕐 **Öffnungszeiten:** *Do–So,*
Feiertag 10.00–17.00 ⤓ **Webseite:** *wien.kriminalmuseum.at*

Eines der ältesten Häuser der Leopoldstadt ist das „Seifensiederhaus". 1685 erstmals urkundlich erwähnt, wurde es nachweislich schon lange Zeit davor errichtet. Das historische Haus mit seinem Pablatschenhof beherbergt heute das Kriminalmuseum, das in 20 Räumen das Polizeiwesen und die Kriminalität vom Mittelalter bis in die Neuzeit präsentiert. Und das entpuppt sich als spannender, als es auf den ersten Blick scheinen mag. Der mittelalterliche Strafvollzug inklusive Folter, das Leben des „poetischen Dienstmädchenmörders" Hugo Schenk und die öffentlichen Hinrichtungen in Wien ermöglichen einen Blick auf die Stadt, den man sonst selten erhält. Der Zugang zum Museum befindet sich im Erdgeschoß, der Großteil der Ausstellung liegt jedoch in den alten Kellern, die renoviert wurden. So wird das „dunkle Wien" der letzten 300 Jahre passenderweise im Untergrund lebendig. Wer all die dargestellten Kriminalfälle lesen will, muss Zeit mitbringen – für Menschen mit schwachen Nerven ist das hier aber nichts.

INFO

Da die einzelnen Kriminalfälle mit sehr viel Text und Material dargestellt werden, empfiehlt sich für Krimifans, genügend Zeit einzuplanen – oder eine Führung zu buchen.

SO BUNT WIE MEIN LEBEN.

OHNE UNS GÄBE ES UNTEN NICHTS ZU SEHEN.

FÜHRUNGEN
3x

Vienna Walks

Vier FremdenführerInnen präsentieren das unterirdische Wien. Reste des römischen, mittelalterlichen und barocken Wiens haben im Untergrund überlebt und erlauben einen faszinierenden Einblick in die Geschichte der Stadt.

www.viennawalks.com

Keller & Co *2*

Peter Ryborz ist einer der profundesten Kenner der Wiener Unterwelt. Bei seinen Führungen (Start vor dem Stephansdom) zeigt er mehrfach pro Woche geheime und versteckte Keller des ersten Bezirks. Da wird klar, dass die Stadt seit Jahrhunderten unterirdisch vernetzt ist. Wenn möglich, Taschenlampe mitbringen!

www.unterwelt.at

3 Gabriele Lukacs

Die Autorin des Buches „Geheimnisvolle Unterwelt von Wien" führt regelmäßig zu unterirdischen Orten, die sonst nicht öffentlich zugänglich sind.

www.mysterytours.at

Tour
DER 3. MANN

Eintauchen in die Stadt unter der Stadt: Auf den Spuren von Orson Welles alias Harry Lime.

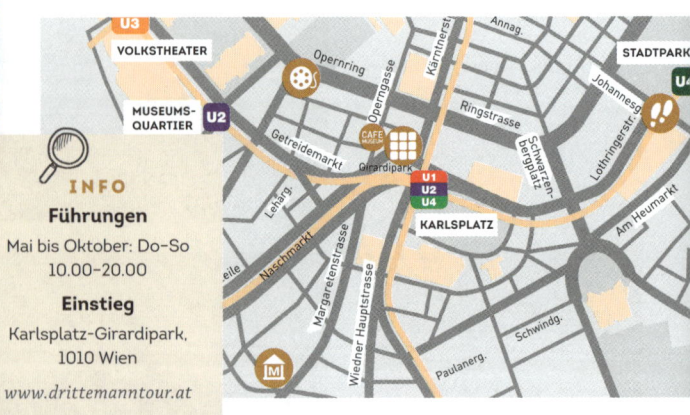

INFO

Führungen

Mai bis Oktober: Do–So
10.00–20.00

Einstieg

Karlsplatz-Girardipark,
1010 Wien

www.drittemanntour.at

Die Verfolgungsjagd im Film „Der Dritte Mann" wurde weltberühmt – und mit ihr die Wiener Kanalisation. Bei der gleichnamigen Tour, die am Karlsplatz startet, besucht man den Original-Drehort und wandert mit Helm und Stirnlampe ausgerüstet in sieben Metern Tiefe unter der Stadt. Dabei erfährt man auch Wissenswertes über das Abwassersystem der Stadt und die Arbeit im Kanal.

Die Geschichte der Kanalisation in Wien reicht bis in das Jahr 100 n. Chr. zurück. Schon damals errichteten römische Soldaten im Militärlager Vindobona ein erstes, auch heute noch modern anmutendes Kanalsystem. Im Mittelalter wurden Abwässer einfach auf die Straße oder in die Stadtbäche geleitet, erst um 1830 wurde das (bis heute nahezu unveränderte) Kanalsystem gebaut.

Heute werden täglich rund eine halbe Milliarde Liter Abwasser der Stadt unterirdisch zur Hauptkläranlage in Simmering transportiert. Über viele Stiegen erwandert man bei der rund einstündigen Führung ein Stück des gewaltigen Kanalnetzes. Vor ungewohnten Gerüchen sollte man allerdings keine Angst haben.

THEATER IM KELLER

—

Kleinkunstbühnen & Kabaretts: Aus der letzten Reihe dem Helden in die Augen schauen.

druckende Sand-Malerei-Show finden hier statt.
Neue Tribüne Wien (unter Cafe Landtmann),Universitätsring 4, 1010 Wien. www.tribunewien.at

Theater am Alsergrund

Es nennt sich „das gemütlichste Kabarett in Wien", und wenn mit gemütlich klein gemeint ist, trifft das auf jeden Fall zu. 68 Personen passen in den umgebauten Kohlenkeller, in dem das Who is Who der Kabarett-Szene auftritt. Vor allem Newcomern dient es als Startrampe, denn hier werden beim größten

Neue Tribüne Wien

Das Kellertheater unter dem Cafe Landtmann ist die älteste noch bestehende Kleinbühne Wiens. Oben im Kaffee trifft man auch mal Ex-Bürgermeister Michael Häupl, während unten die Theaterszene werkelt – quasi als Nebenschauplatz des Burgtheaters. Auch Kabaretts, Lesungen oder die beein-

Kabarettpreis des Landes, dem Kleinkunstnagel, die neuen Talente gekürt – und aus dem Alser- und Untergrund hüpfen sie dann die Karriereleiter hinauf.

Theater am Alsergrund,
Löblichgasse 5-7, 1090 Wien.
kabarett-wien.at

Kunst im Prückel

Oben im Kaffeehaus wird auf dem Flügel geklimpert und mit Geschirr geklappert, unten gilt dann: Vorhang auf! Das Programm der Bühne unter dem Cafe Prückel reicht von Lesungen über Kabarett bis zu feurigen Samba-Tanz-Shows. Im gemütlichen Saal mit den roten, samtigen Kinosesseln kann man sich herrlich an den Anfang des 20. Jahrhunderts zurückträumen, als das Theater noch „Zum Lieben Augustin" hieß.

KiP – Kunst im Prückel,
Biberstraße 2, 1010 Wien.
www.kip.co.at

Tunnel

Der geräumige Keller mit seiner Holz-Einrichtung im Shabby-Chic-Style lädt zum Philosophieren und Versumpern ein. Auf der Bühne treten regelmäßig groovige Bands, Jazzer und Kabarett-Nachwuchs-Talente auf und manchmal wird der Theatersaal zum Flohmarkt-Paradies für Fashion Victims umgebaut. Rampensäue, Workshop-LeiterInnen und Geburtstagskinder können den Keller unter dem Lokal Tunnel übrigens auch für eigene Veranstaltungen mieten!

Tunnel Vienna Live,
Florianigasse 39, 1080 Wien.
www.tunnel-vienna-live.at

WIR LEBEN
STADTLANDWIRTSCHAFT

KATHARINA KLAGER
WINZERIN, WIEN STAMMERSDORF

Landwirtschaftliche Betriebe
die in Wien beheimatet sind findest du auf
www.stadtlandwirtschaft.wien

Landwirtschaftskammer
Wien

Wissen
SPRITZIGE FAKTEN

*Im Wiener Untergrund war und ist
allerhand los, von dem kaum jemand weiß.*

**1 Die Josephinischen Säulen
unter der Rotenturmstraße**
1711 wurde die Pummerin zum
Stephansdom transportiert.
Da die Glocke 22.512 Kilo wiegt,
mussten auf Befehl Kaiser
Josephs I alle Keller am Weg
mit einer Säule verstärkt
werden. Zu sehen etwa im Shop
„Porta Dextra".

**2 Falcos „Jeanny"
in der Kanalisation**
Das berühmte Video zu „Jeanny"
wurde wie „Der 3. Mann" in der
unterirdischen Kanalisation von
Wien gedreht.

**3 Das Alchemistenlabor
unter dem Zoo-Pavillon**
Im Keller unter dem Zoo-
Pavillon lag das geheime Labor
von Kaiser Franz I. Stephan,
Maria Theresias Ehemann.
Hier wurde versucht, aus
Eisen Gold zu machen.

**4 Wasser unter dem
ehemaligen Kaufhaus Stafa**
Unter dem Stafa auf der
Mariahilfer Straße, in dem sich
heute Betten Reiter und das
Hotel Ruby Marie befinden,
sprudeln unterirdische Quellen.
Pro Minute müssen 970 Liter
Wasser abgepumpt werden.

**5 Frischlufttunnel unter
der Innenstadt**
Burgtheater und Oper werden
seit ca. 1890 über gigantische
Tunnel unter dem Volksgarten
und dem Burggarten mit Frisch-
luft versorgt. Die Luft wird in
den Parks angesaugt und unter
jeden Sitz transportiert.

UNTERIRDISCHE MUSEEN

Unter der Stadt finden sich Spuren der letzten 2000 Jahre: Geschichte hautnah erleben.

deren Ursprung und Zweck bis heute nicht ganz geklärt sind. Die Virgilkapelle ist einer der besterhaltenen gotischen Innenräume der Stadt und beherbergt nun eine Ausstellung zum mittelalterlichen Wien.

Virgilkapelle, Stephansplatz, 1010 Wien. Di–So 10.00–18.00 www.wienmuseum.at/de/ standorte/virgilkapelle

Virgilkapelle

Einer der ungewöhnlichsten unterirdischen Räume der Stadt wurde 1973 beim Bau der U-Bahn unter dem Stephansplatz durch Zufall entdeckt. Zwölf Meter unter dem heutigen Straßenniveau liegt die mysteriöse Kapelle ohne Eingang,

Römermuseum

An Stelle der Wiener Innenstadt lag zur Zeit der Römer die Legionsstadt Vindobona. Zu ihrer Blütezeit lebten hier 30.000 Einwohner. Die wichtigsten römischen Ausgrabungen befinden sich im Untergrund unter dem Hohen Markt – und hier wurde auch das Römermuseum angesiedelt. Neben den Resten von zwei Tribunenhäusern zeigt die Ausstellung die Bauten Vindobonas sowie das Alltagsleben der Soldaten. Auch die kürzlich entdeckte Bronzetafel mit dem römischen Stadtrecht ist zu sehen.

Römermuseum,
Hoher Markt 3, 1010 Wien.
Di–So 9.00–18.00
www.wienmuseum.at/de/
standorte/roemermuseum

Jüdisches Museum Judenplatz

Am Judenplatz befand sich im Mittelalter das Zentrum des jüdischen Lebens in Wien – bis zur Vertreibung und Vernichtung der Juden 1420/21 im Zuge der sogenannten „Wiener Gesera". 1995 fand man unter dem Judenplatz Überreste der zerstörten Synagoge, die heute – gemeinsam mit einer Ausstellung zum jüdischen Leben im

Mittelalter und dem Schoa-Mahnmal von Rachel Whiteread in der Mitte des Platzes – ein Ort der Erinnerung sind.

Jüdisches Museum,
Judenplatz 8, 1010 Wien. So–Do
10.00–18.00, Fr 10.00–14.00
www.jmw.at

Rauchfangkehrermuseum

Ein witziges, kleines Museum im ehemaligen, öffentlichen Tröpferlbad: Während im Erdgeschoß allerlei Interessantes zur Zunft der Rauchfangkehrer zu sehen ist, zeigt der im tiefen Keller gelegene Heizraum des Bads eine Ausstellung von schönen alten Öfen und Warmwasserbereitern. Besonderheit hier sind die verchromten American Heating Öfen mit Art Deco- und Jugendstildekor – die Rolls Royce unter den Öfen.

Rauchfangkehrermuseum,
Klagbaumgasse 4, 1040 Wien.
So 10.00–12.00
www.rauchfangkehrermuseum.at

IM UNTERGRUND UNTER WIENER KIRCHEN

—

Ob Führung mit Gruselfaktor oder Opern-
arien: Diese Grüfte kann man besuchen.

Übrigens: Fast alle Habsburger
wurden wie die alten Pharaonen
ohne Organe bestattet. Die
Herzen liegen in der Augustiner-
kirche, die Gehirne in der
Herzogsgruft im Stephansdom.
Kapuzinergruft,
Tegetthoffstraße 2, 1010 Wien.
www.kapuzinergruft.com

Unter dem Schottenstift

Im Innenhof des Stifts nimmt
man die Treppen hinunter und
landet: im Dunkeln. Man sieht
nichts, aber erlebt viel, wenn
blinde Guides bei „Dialog im
Dunkeln" zu einem Spaziergang
durch die blinde Wirklichkeit
laden. Am Wochenende wird

Kapuzinergruft

Ein Muss für alle Fans von Sisi,
Franz und Maria Theresia.
150 Habsburger liegen in der
Kapuzinergruft bestattet, als
letzter kam im Jahr 2011 Otto
dazu. Neben imposanten Sarko-
phagen ist besonders spannend
zu sehen, auf welchen Gräbern
bis heute Blumen abgelegt
werden (Kaiser Max von Mexiko
etwa ist ein großer Hit bei
mexikanischen Reisegruppen.)

zudem ein 4-Gang-Menü in absoluter Dunkelheit serviert, am Samstag wird gebruncht.

Schottenstift,
Freyung 6, 1010 Wien.
www.imdunkeln.at

Krypta der Peterskirche

Madame Butterfly in der Krypta? Tatsächlich! Österreichs kleinstes Operntheater spielt im Untergrund der Peterskirche bekannte Opern und Operetten, auch für Kinder. Die Krypta (die als Begräbnisort gebaut, aber nie so genutzt wurde) erstreckt sich unter der gesamten Kirche. Auch klassische Konzerte finden hier statt.

Peterskirche, Eingang Krypta rechte Außenseite, Petersplatz 1, 1010 Wien. www.inhoechstentoenen.at

Katakomben Stephansdom

Wer glaubt, dass es nur in Paris Katakomben gibt, der irrt! Unter dem Stephansdom liegen in 30 Grabkammern die Gebeine von fast 11.000 Menschen gestapelt. Der Gruselfaktor ist bei

Führungen durch die dunklen, niedrigen Gängen hoch, aber zu den Katakomben gehört auch die moderne Bischofsgruft – mit dem Kupfersarg von Kardinal Franz König – und die Herzogsgruft.

Domkirche St. Stephan,
Stephansplatz, 1010 Wien.
www.stephanskirche.at

Michaelergruft

Es war eine Rettung in letzter Sekunde: 95% Luftfeuchtigkeit und ein in Europa völlig unbekannter Rüsselkäfer hatten der barocken Gruft unter der Michaelerkirche arg zugesetzt. Ab 2004 wurde das riesige, unterirdische Netz aus Gängen, Räumen und Hallen restauriert. Adelige und Bürger wurden hier bis 1783 begraben – und tatsächlich auf natürliche Weise mumifiziert!

Michaelerkirche,
Michaelerplatz 5, 1010 Wien.
www.michaelerkirche.at

KÖSTLICHE VINOTHEK MIT GENUSS

Die Vinothek wurde 1976 gegründet und war die erste Vinothek in Wien. Schnell war das Programm mit den Schwerpunkten Spanien und Italien landesweit bekannt. Im Laufe der Jahre hat sich das Sortiment um die Kernpunkte der Weine aus Österreich und Frankreich erweitert. Aber auch viele weitere Weine aus aller Welt können hier vom interessierten Publikum gefunden werden.

wineBANK Wien

Vinothek St. Stepha

Das Angebot reicht von diversen Alimentari, Olivenölen, Aceto Balsamico über Weine aus aller Welt bis hin zu diversen Rums und einem großen Angebot an Single Malt Whiskys.

Im „Untergrund von Wien" ist die Vinothek St. Stephan weiters auch in der wineBANK Wien eingemietet und bietet dort, als auch in der Vinothek Verkostungen im privaten Rahmen an. Näheres dazu erfahren Sie gerne unter unserer Mailadresse: info@vinothek1.at.

Wir freuen uns auf einen Besuch von Ihnen
Ihr Team der Vinothek St. Stephan

Vinothek St. Stephan . KVMG-Weinhandel GmbH
Stephansplatz 6 . 1010 Wien

GEHEIMGÄNGE

9x

Unterirdische Geheimgänge durchziehen die Innenstadt. Dies sind die bekanntesten.

1 Unterirdisch zum Bundeskanzleramt

Den alten Geheimgang vom Kanzleramt zur Hofburg kennt jeder Österreicher. Den Weg musste die Regierung Schüssel 1999 zur Angelobung nehmen – tausende Demonstranten auf dem Ballhausplatz hätten ein Durchkommen nicht ermöglicht.

Sisis süßer Geheimgang 2

Vom Demel zum Burgtheater führt ein ganz spezieller Geheimgang: über ihn wurde Kaiserin Sisi bei Theaterbesuchen mit Süßem und Eiscreme versorgt.

3 Die unterirdische „Autobahn"

Der Geheimgang, den sich Kaiser Franz I. Stephan von der Hofburg zu seinem „privaten" Palais bauen ließ, konnte sogar mit einer Kutsche befahren werden.

Geheimwege zwischen Wiener Klöstern 4

Angeblich waren früher alle Klöster Wiens durch unterirdische Geheimgänge miteinander und mit dem Dom verbunden. Der Tunnel vom ehemaligen Laurenzer-Kloster zum Dominikaner-Kloster ist bekannt.

ISBN 978-3-903070-14-1
Erste Auflage
© 2020 Wundergarten Verlag, Wien

Bildnachweis: Alle Bildrechte liegen bei der StadtSpionin bzw. den Shop- und Lokalbesitzern oder Veranstaltern. Außer Seiten 18: Luisa Zeltner. 38: Peter Rigaud. 54: Gregor Titze. 58: Tina Herzl. 64: Klaus Pichler. 68: Cornelia Anhaus. 74: Fabian Czettel. 83 links: Sabine Karrer. 83 rechts oben: Vienna Walks + Talks. 83 rechts unten: Pfarre St Michael. 84+85 unten: Matern. 85 oben+mittig: Füsselberger. 90: Kollektiv Fischka/ Kramar mit Sabine Wolf. 91 links: Birgit und Peter Kainz. 91 rechts: Sebastian Gansrigler. 92 links: Robert Vanis. 92 rechts: Dialog im Dunkeln. 93 links: In höchsten Tönen!. 93 rechts: Robert Passini.

Die StadtSpionin dankt Katharina Pech, Simay Zwerger, Sigrid Gerl, Verena Richter.

ArtDirektion und grafische Gestaltung:
Carina Reindl
www.carinareindl.com

Druck: Alfa Print
Printed in the EU

Wundergarten Verlag
Sabine Maier
Phorusgasse 7
1040 Wien
www.wundergarten.at